はじめてでも かんたん！

かぎ針編みのモチーフ&小物

西東社

CONTENTS

1 モチーフを編み始める前に …… 4

2 基本のモチーフを編んでみましょう …… 10

3 いろいろなモチーフを編んでみましょう …… 30

4 かんたんな小物を編んでみましょう …… 34

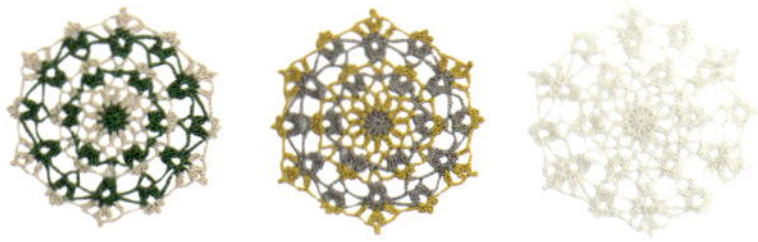

5 モチーフをつないでみましょう …… 46

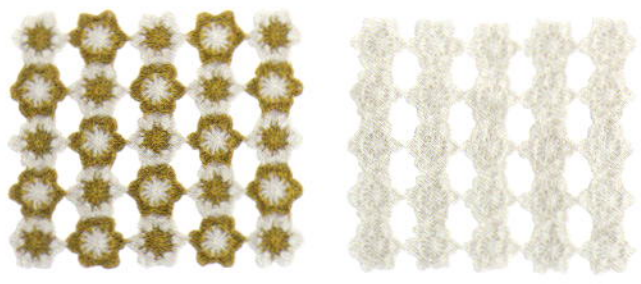

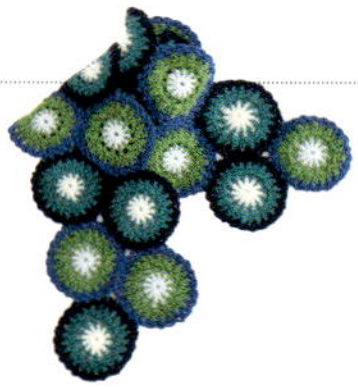

6 モチーフをたくさんつなぎましょう …… 58

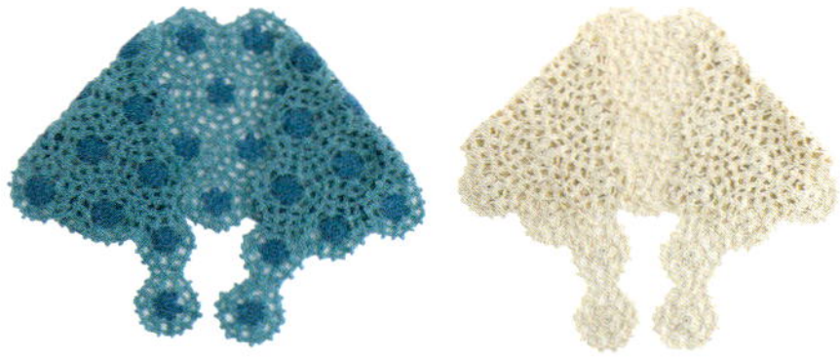

7 巻きかがりでつないでみましょう …… 86

1 モチーフを編み始める前に

【材料と用具】

針について

かぎ針の先端は糸がかけやすいように曲がっています。
糸をかけて引き抜くことで編み目ができます。編む毛糸が決まったら糸の太さに合わせて選びましょう。かぎ針は 2/0 号から数字が大きくなるほど太くなり、10/0 号まであります。それ以上の太さはジャンボ針と呼ばれていて、7 ミリ、8 ミリ、10 ミリなどがあります。針の太さは軸の直径で決まります。

〈実物大〉

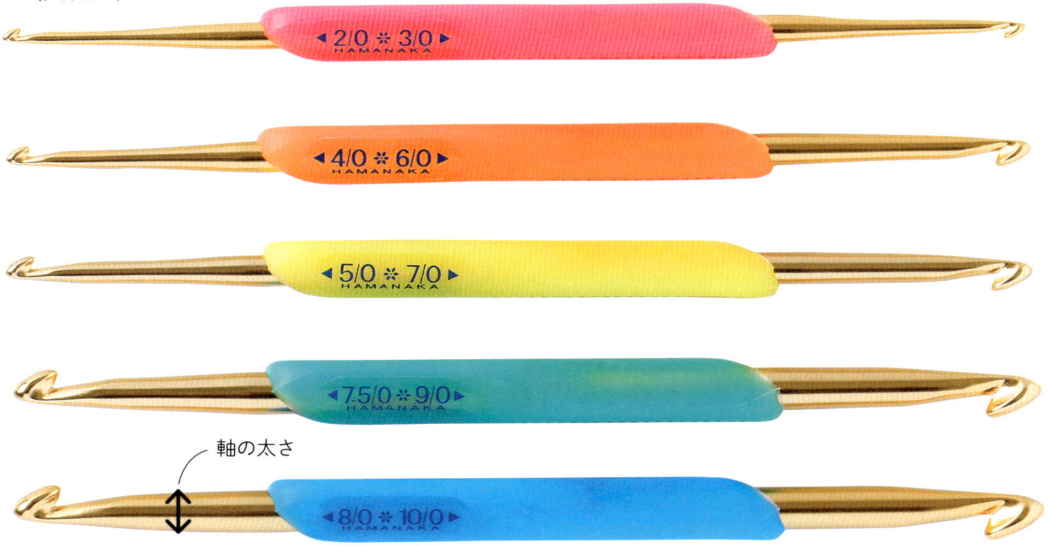

Q&A
レース針とかぎ針はどう違うの？

レース針はかぎ針よりも細いもので、0 号よりも細いものを呼びます。使い方はかぎ針と同じですが、数字が大きくなるほど細くなります。

はさみ

糸を切るときに使います。先端が細くてよく切れる手芸用を用意しましょう。

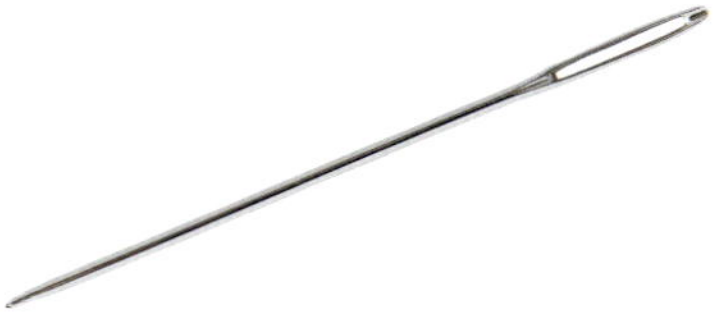

とじ針

糸端の始末やモチーフを巻きかがりでつなぐときに使います。縫い針よりも太く、針穴も大きくなっていて太い糸も通しやすくなっています。先端が丸くなっていることが特徴で糸を割らずにすくいやすくなっています。太さや長さは糸に合わせて選びましょう。

メジャー

モチーフのサイズを測ったり、つなぎ合わせるときの採寸のために用意しましょう。

まち針

モチーフをつなぎ合わせるときに仮どめしたり、編み上がったモチーフをアイロンで整えるときに使います。編み物用は針が長く、先端が丸くなっています。

糸

糸の種類はさまざまで、ストレートヤーン、ネップの入ったツィード、毛足の長いモヘア、よりのないロービング、ループなどがあり、同じストレートヤーンの中でもウール、麻、コットンなどたくさんの種類や素材があります。作るアイテムに合わせて選んでみましょう。

はじめての方は編み目のわかりやすいストレートヤーンがおすすめです。また、麻やコットンよりもウール素材の並太程度の糸が針にかかりやすく、編みやすいでしょう。糸を選ぶときの参考にしてください。

糸についているラベルの見方

糸についているラベルには大切な情報が書いてあります。編んでいるときはなくさないように注意しましょう。
この他にどこの国のメーカーで作られているかなどが記されています。

ロット
ロットとは糸を染める際の釜の番号です。同じ色番号でもロットが違うと色が変わることがあります。購入の際は同じロットを選びましょう。

1玉の重さと糸の長さ
一見同じタイプの糸でもこの数値が異なります。同じグラム数の玉巻きでは糸長が長い方が糸が細く、軽い素材です。

適合針
この糸に適した針の太さです。作り方ページに記載されている号数と異なる場合がありますが、編む人によって手加減が変わるので、ゲージと合わせて目安にしましょう。

素材

糸の名称

色番号

洗濯やアイロンなどお手入れ方法
お手入れの際の参考に。既製服についているマークと同じように表示されています。

標準ゲージ
10cm四方に入る目数と段数を表しています。編み地の模様によっても異なりますので、作り方ページに合わせて必ず自分で編んでみましょう。

【糸と針の使い方】

糸端の取り出し方

糸玉の中に指を入れて指先でつまんで糸端を引き出します。糸が多く出てきてしまったときは慌てずに、一度取り出して、固まりの中から糸端を見つけましょう。

糸の外側から編み始めると、編んでいる間に糸が転がって絡まったり、汚れたりします。上のドーナツ形の糸はラベルをはずしてから糸端を引き出しましょう。
糸によっては、内側に固い紙の芯が入っている糸があります。その場合は外側から使いますが、編むときは糸玉が転がって汚れないように、ビニール袋などに入れて使うとよいでしょう。

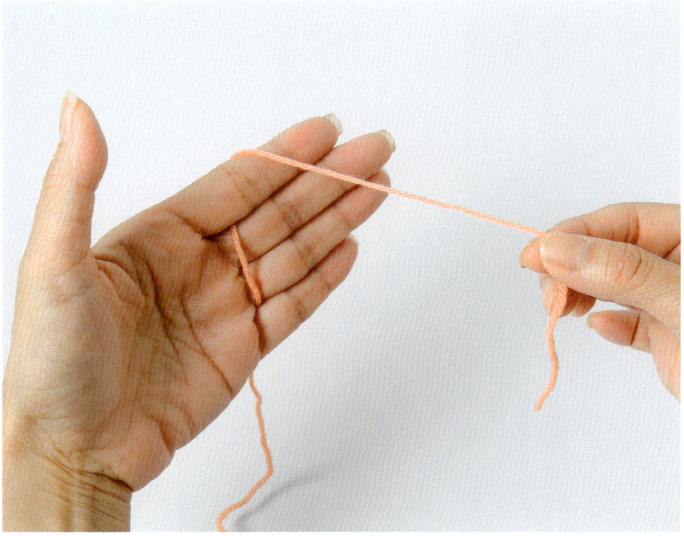

糸のかけ方

糸は左手の甲側から小指と薬指の間にはさみ、人さし指にかけます。編むときは人さし指を立てて、糸端側を親指と中指で持ちます。

針の持ち方

右手の親指と人さし指でグリップ部分を持ち、中指を添えます。このときかぎ針の先は下側を向くように持ちましょう。

【記号図の見方】

モチーフは基本的には表側を見ながら記号図通りに左方向に1段ずつ編みますが、
作品によっては往復に輪に編む場合(p.107参照)もありますので、立ち上がりからの進む方向に気をつけながら編みましょう。

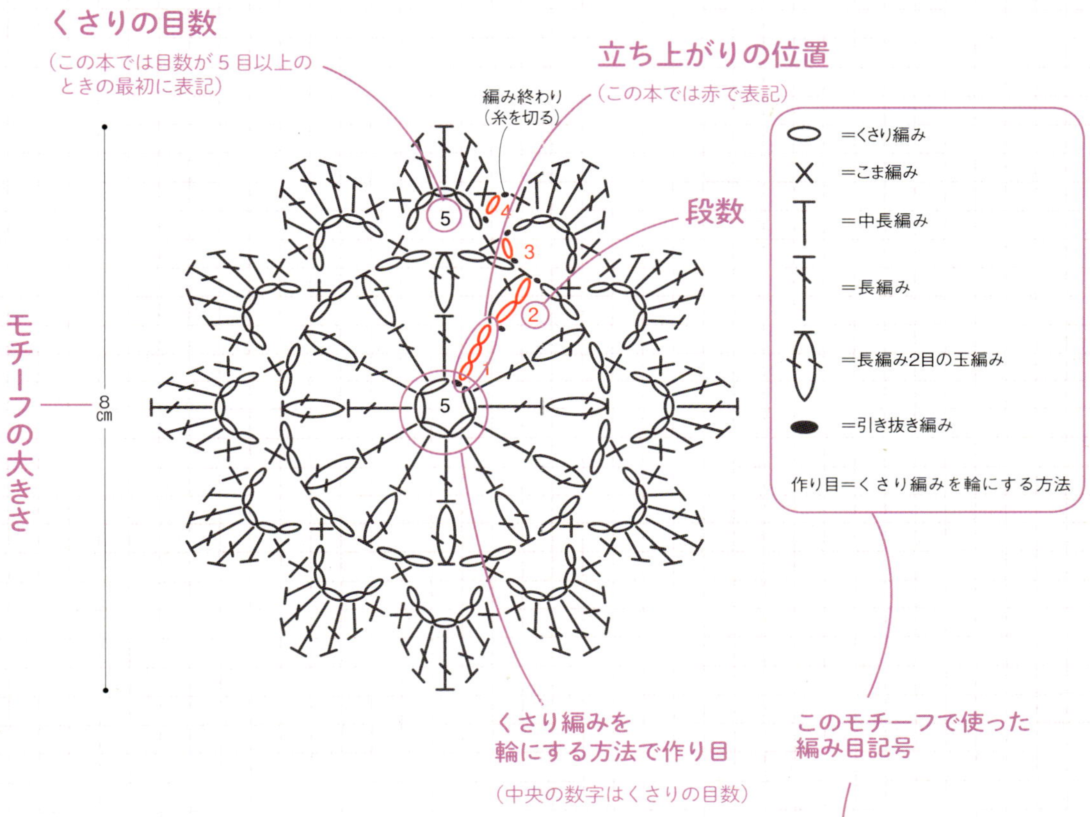

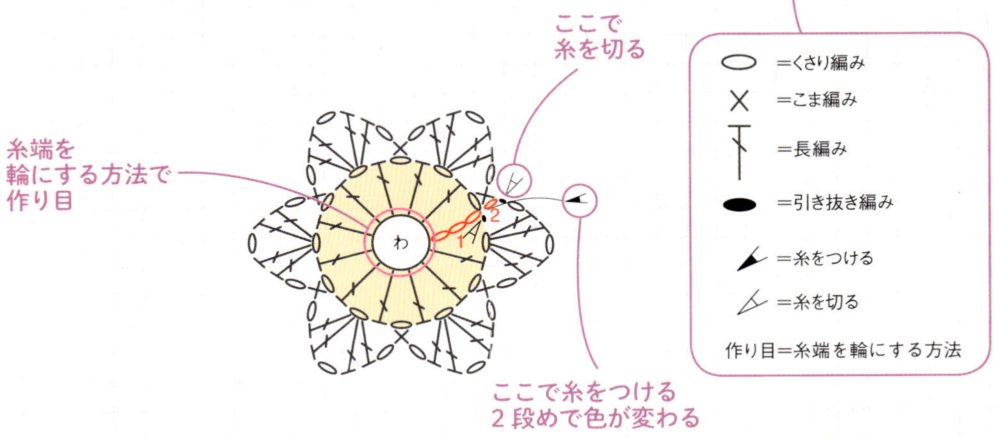

【糸の太さを替えて編むと】

このページで紹介しているモチーフは同じ編み方ですが、太い糸で編むと大きなモチーフに、細い糸になるほど、小さなモチーフになります。糸は極太、並太、合太、中細、合細、極細などと太さによって名前も異なりますが、メーカーによって同じ並太でも太さが異なり、でき上がりのサイズも変わります。また、針の号数を変えることでもサイズが変わりますので、編むときの目安にしましょう。

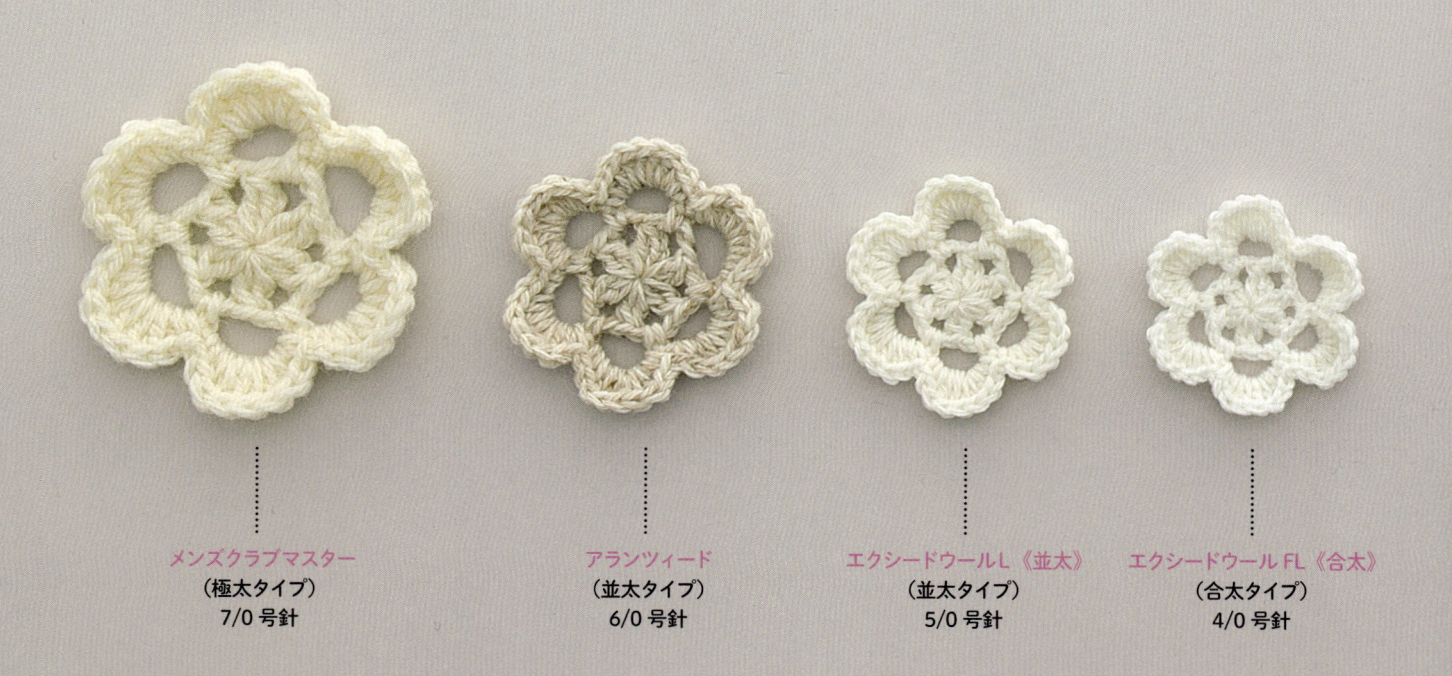

メンズクラブマスター
（極太タイプ）
7/0 号針

アランツィード
（並太タイプ）
6/0 号針

エクシードウールL《並太》
（並太タイプ）
5/0 号針

エクシードウール FL《合太》
（合太タイプ）
4/0 号針

この本のモチーフはすべて１本どり（糸玉から引き出した１本の糸）で編んでいます。糸を２本どり（２本の糸を一緒に編むこと）にすることでもサイズは大きくなります。ストレートヤーン（まっすぐで太さやよりが均一な糸）と細いモヘアの糸を組み合わせると、また違った質感が楽しめます。いろいろな糸で試してみましょう。

かわいい赤ちゃん
（並太タイプ）
4/0 号針

アルパカモヘアフィーヌ
（並太タイプ）
3/0 号針

ハマナカ 純毛中細
（中細タイプ）
3/0 号針

ウオッシュコットン《クロッシェ》
（中細タイプ）
2/0 号針

2 基本のモチーフを編んでみましょう

LESSON
レッスン作品 -1

motif-1 ミニドイリー

モヘアの糸を使った1枚で編めるドイリーは、
はじめて編むのにちょうどよいサイズです。
p.12を見ながら編んでみましょう。

デザイン…岡本啓子
＊糸…ハマナカ アルパカモヘアフィーヌ
＊編み方…p.12

材料と用具（1点分）
糸…ハマナカ アルパカモヘアフィーヌ（25g玉巻）
ローズピンク（12）　からし色（14）
水色（7）各1g
針…ハマナカアミアミ両かぎ針ラクラク 4/0号

丸いモチーフの編み方

p.10の作品ではモヘアの糸で編んでいますが、
はじめて編む方は編みやすいストレートヤーン（太さやよりが均一でまっすぐな糸）でレッスンしましょう。
この本では、全て糸は1本どりでデザインしています。

〈実物大〉

モチーフの編み方記号図

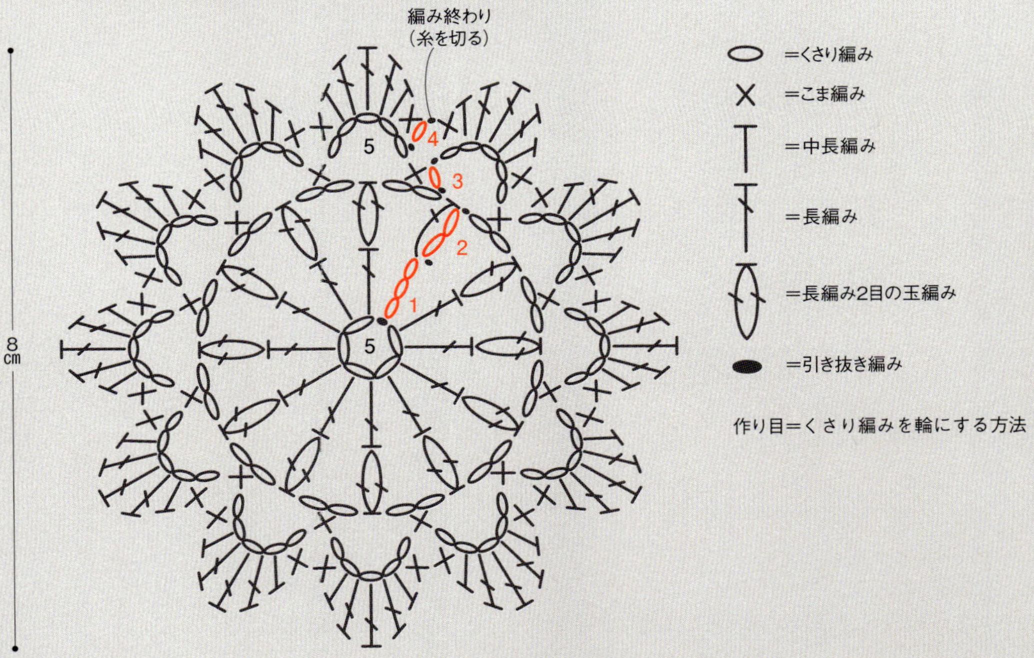

作り目

くさり編みを輪にする方法

最初の１目は作り目として１目に数えません。ただし、太い極太毛糸などで編む場合は作り目を引き締めず、作り目のくさり目を１目とカウントします。

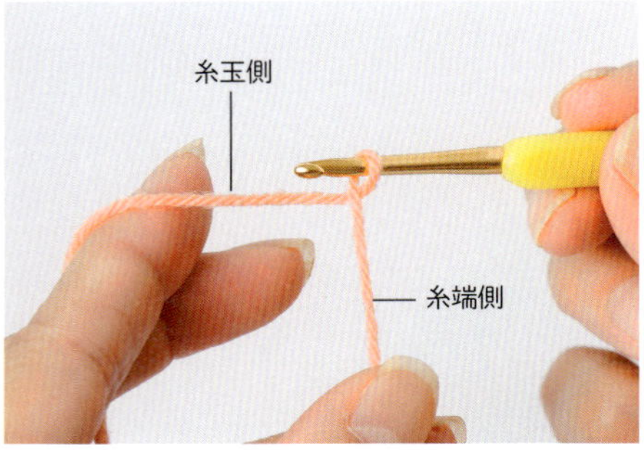

❶ 左手に糸をかけ、糸端側を親指と中指で押さえ、針を回して、糸をかける(p.108参照)。

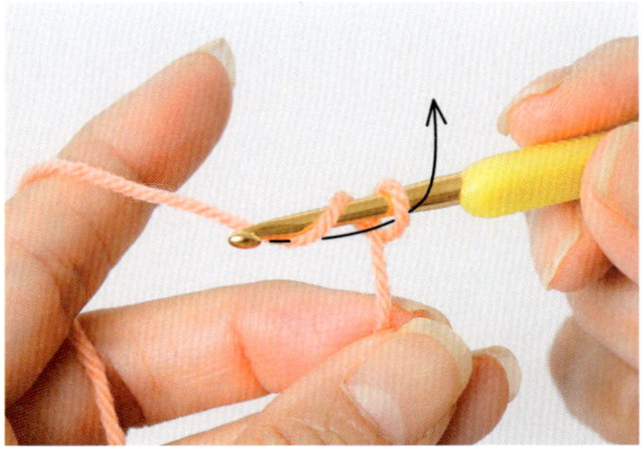

❷ 針に糸をかけ、矢印のように引き出す。

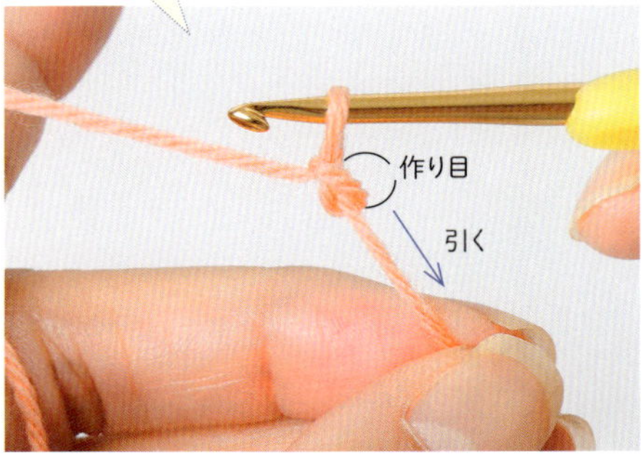

❸ くさり編みの作り目ができた。糸端側を引き締める。

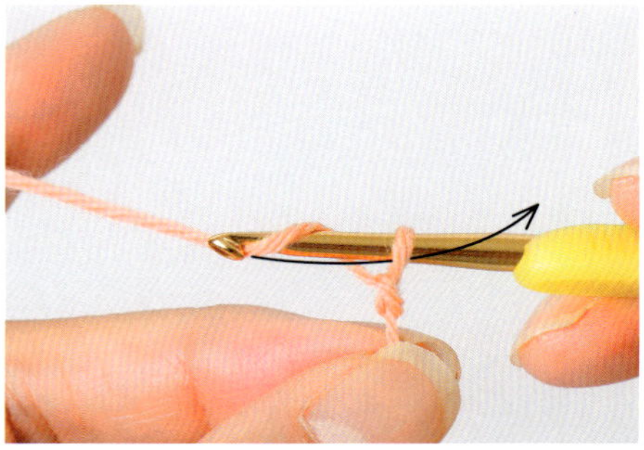

❹ 針に糸をかけ、矢印のように引き出す。

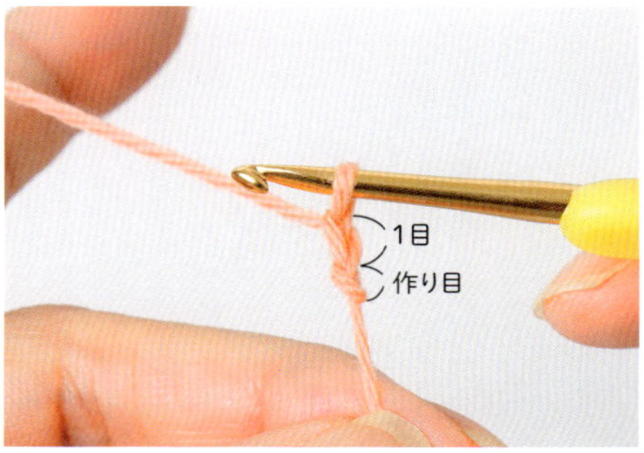

❺ くさり編みが１目編めた。❹を繰り返し、必要な目数のくさり編みを編む。

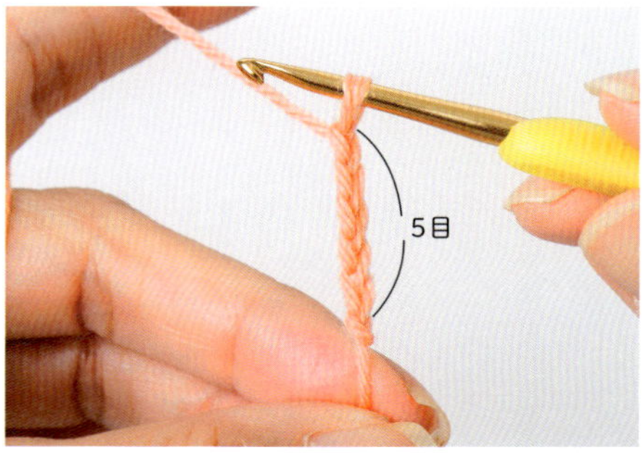

❻ くさり編み５目が編めた。

point

くさり編みを輪にするときは、目がねじれていないか確認しましょう。作り目がねじれていると編み進んだときに仕上がりが美しくありません。

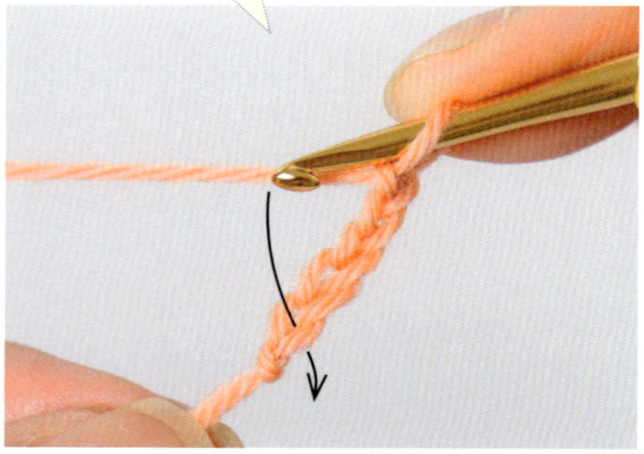

❼ 矢印のように１目めのくさり編み目に針を入れる。

❽ 糸をかけ、矢印のように引き抜く。

❾ くさり編みが輪につながって輪の作り目ができた。

1段め

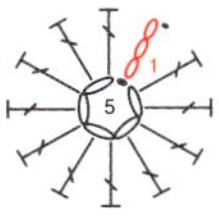

長編み

❶ 1段めは長編みを編む。立ち上がりのくさり編み3目を編む。

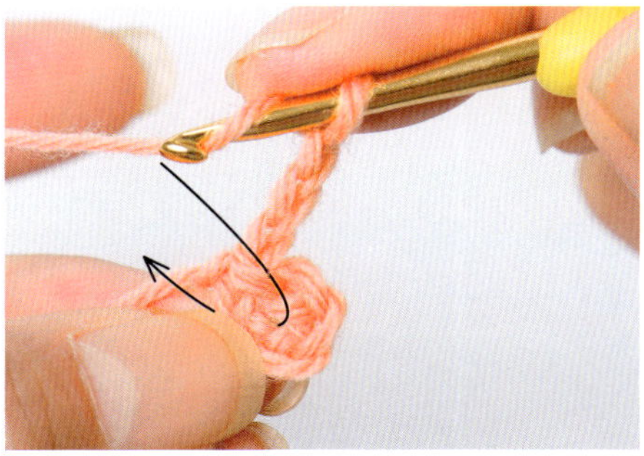

❷ 長編みを編む。針に糸をかけ、矢印のようにくさりの輪の中に針を入れる。これを「束《そく》にすくう」という(p.15参照)。

❸ 針に糸をかけ、矢印のように引き出す。

Q & A

立ち上がりって何のこと？

毎段編み始めに編み目の高さ分だけ編むくさり編みのことを「立ち上がり」と呼びます。基本的には編み目の記号によって高さの比率は決まっていて、次に編む目の高さ分のくさり編みを編みます。立ち上がりは編み始めの1目めに数えますが、こま編みは数えません。覚えておくと便利でしょう。

こま編み

中長編み

長編み

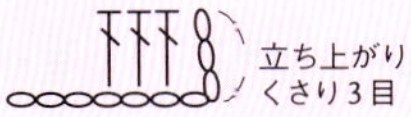

長々編み

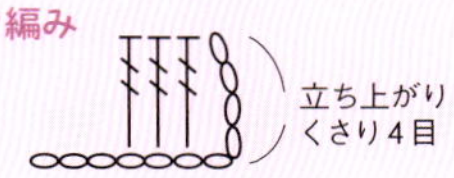

❹ 針に糸をかけ、矢印のように2つのループを引き抜く。

❺ もう1度針に糸をかけ、針にかかっている2つのループを引き抜く。

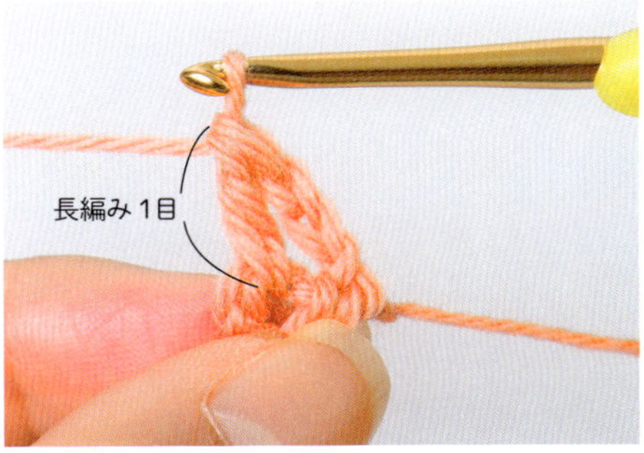

❻ 長編みが1目編めた。

❼ ❷～❻を繰り返し、必要目数(この場合は11目)編む。

❽ 最後は立ち上がりのくさり3目に針を入れる。

❾ 糸をかけて引き抜く。

❿ 1段めが編めた。

2段め

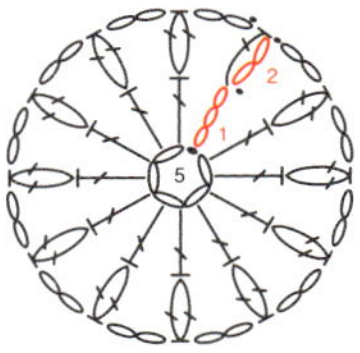

 長編み2目の玉編み

❶ 2段めは長編み2目の玉編みを編む。立ち上がりのくさり編み2目を編み、針に糸をかけて矢印のように束にすくう。

❷ 針に糸をかけ、矢印のように引き出す。

❸ 針に糸をかけ、矢印のように2つのループを引き抜く。

❹ 未完成の長編みができた。針に糸をかけ2つのループを一度に引き抜く。

❺ 長編み2目の玉編みが1目編めた。最初の目だけはくさり編みと長編みの玉編みになる。

❻ くさり編み2目を編み、針に糸をかけて左隣りの目に針を入れる。

Q & A

未完成の編み目って何のこと？

記号の最後の引き抜く動作をしていない、針にループを残した状態の目を、未完成の編み目と呼びます。2目一度など目を減らすときや、玉編みを編むときに使われる用語です。

advice 玉編みをきれいに編むためのコツ

立ち上がりの目は長編みに対して通常は3目分ですが、玉編みの場合、足の長さに対して3目を編むと右側がゆるんで左に傾いてしまうことがあります。編み慣れてくれば手加減でくさり3目をきつめに編むことができますが、はじめての方は長さを調整するために、くさり編みに2目に減らすとよいでしょう。はじめてでも玉編みがまっすぐに揃ってきれいに編むためのコツです。

⑦ 糸をかけて引き出し、③の要領で糸をかけて引き抜く。

⑧ 未完成の長編みが1目編めたところ。同じ目にもう1目未完成の長編みを編む。

⑨ 針に糸をかけ、一度に3つのループを引き抜く。

⑩ 長編み2目の玉編みが編めた。⑥～⑩を繰り返して編み進む。

⑪ 最後は矢印のように玉編みの**頭**をすくう。

⑫ 糸をかけて引き抜く。

⑬ 2段めが編めた。

Q & A

頭と足ってどこのこと？

頭とは、編み目の上にある2本の糸のこと。ただし、玉編みやパプコーン編みは編み目のやや右側に寄って見えるので、左隣のくさり編みと間違えないように注意しましょう。足は頭の下側のこと。柱とも呼ばれます。

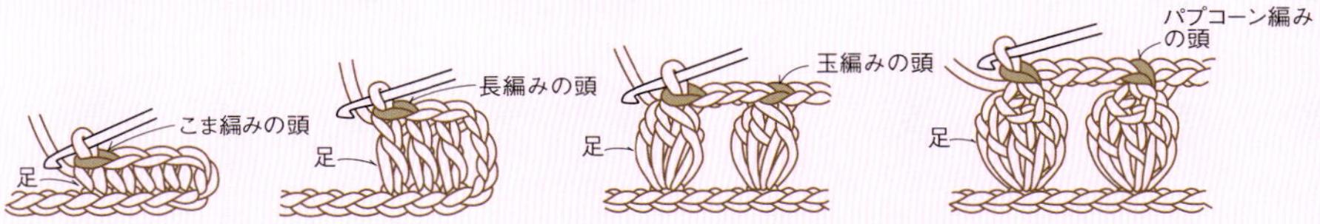

Q & A

「目に編み入れる」と「束《そく》にすくう」とはどう違うの？

編み目記号には前段の編み目記号に根元がついているものと根元が離れているものがあります。
この2つの編み方は同じですが、針を入れる位置が異なります。

根元がついている場合

前段の目に針を入れて編みます。
目数が多い場合も
同じ目に編み入れます。

前段の目に
針を入れて編む

根元が離れている場合

前段のくさり編みなどの全体をすくって編みます。
くさり編みのループなどの空間をすくって編むことで、
「束《そく》にすくう」と呼びます。

前段のくさり編みのループ
をすくって編む

3 段め

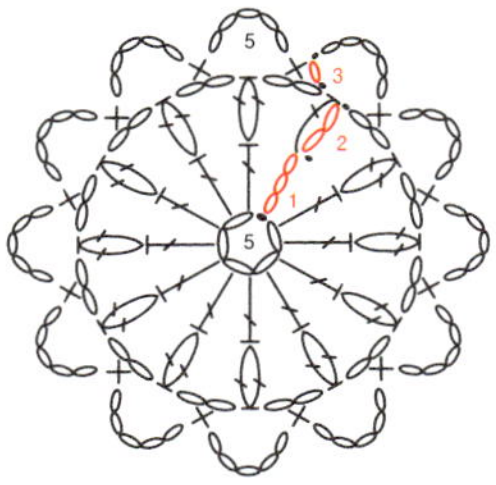

× こま編み

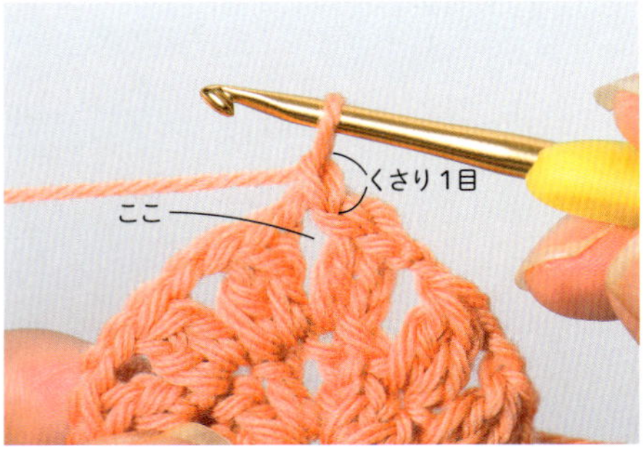

❶ こま編みを編む。3段めの編み始めの位置に引き抜き、立ち上がりのくさり編み1目を編み、前段のくさり編みを束《そく》にすくって針を入れる。

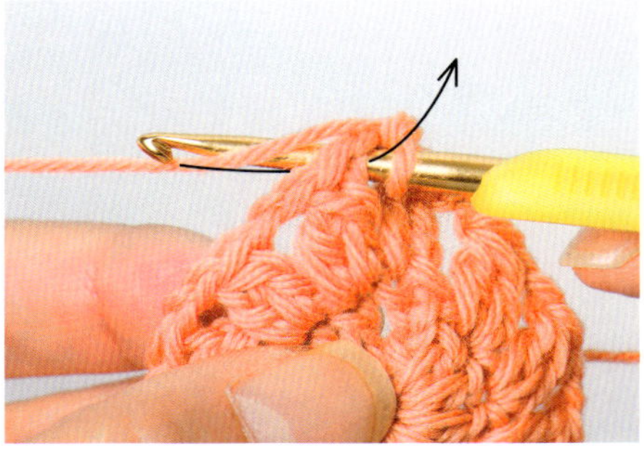

❷ 糸をかけて矢印のように針を引き抜く。

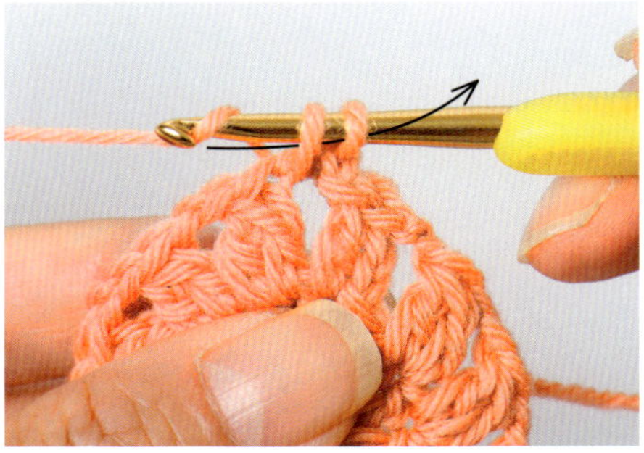

❸ もう一度針に糸をかけ、矢印のように引き抜く。

❹ こま編みが1目編めた。

❺ くさり編みを5目編み、矢印のように前段のくさり編みを束にすくい、こま編みを1目編む。

❻ こま編みが1目編めた。❺、❻を繰り返して編み進む。

point

最後の引き抜く位置は、立ち上がりのくさり編みではなく、こま編みの頭に引き抜くことがポイント。

❼ 最後はくさり編み5目編んだら、1目めのこま編みの頭に針を入れる。

❽ 針に糸をかけて引き抜く。

❾ 3段めが編めた。

4段め

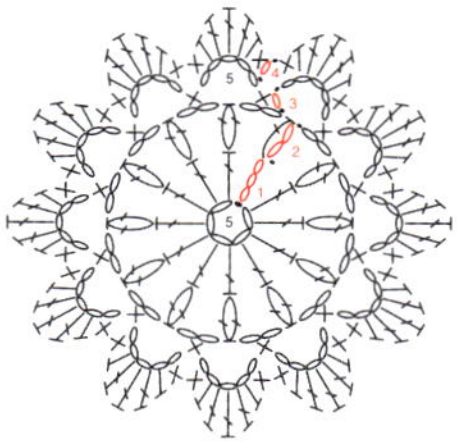

× こま編み

1 前段のくさり編みを束《そく》にすくって引き抜き、立ち上がりのくさり編みを1目編み、前段を束にすくってこま編みを1目編む。

中長編み

2 中長編みを編む。針に糸をかけ、矢印のように束にすくう。

3 針に糸をかけ、矢印のように引き出す。

4 もう一度針に糸をかけ、矢印のように一度に引き抜く。

5 中長編みが1目編めた。

長編み

6 長編みを1目編む。

7 続けて記号図通り編み進み、1模様が編めた。高さの違う編み目記号の組合わせで、きれいなカーブになる(p.37参照)。

8 続けて編み進み、1周編めた。

9 最終段の編み終わりは引き抜かずに、こま編みが編めたら糸始末分に15cmくらい残して糸を切り、かぎ針にかかった輪を引き抜く。

糸を始末する

1目作るようにしてきれいにつなぐ方法

point

最終段の目は下の段と同様に編み始めに引き抜いても良いですが、1目作るようにして糸始末をする方がゴロつかずにきれいに仕上がります。記号図には編み終わりをわかりやすくするために、引き抜き編みの記号が入っています。

① 糸をとじ針に通し、編み始めのこま編みの頭をすくう。

② 1目作るように編み終わりの目に針を入れ糸を引く。

③ 編み始めと編み終わりの間に1目でき、きれいにつながる。

④ 編み地を裏返し、5～6目すくう。

⑤ モチーフを持ち替えて半目(糸1本)戻り、5～6目すくって戻る。

⑥ 根元で糸を切る。

⑦ 中心の編み始めも、とじ針に通して同様に3～4目すくう。

⑧ モチーフを持ちかえて半目戻ってすくい、糸を切る。

完成

advice

とじ針に糸が上手く通せない。どうしたら通せるの？

とじ針は毛糸の太さに合わせて選びましょう。
上手く通せないときのコツを覚えましょう。

✕

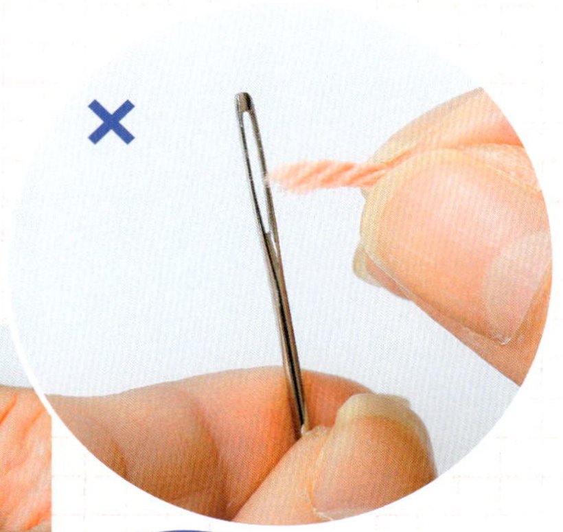

NG

針穴に糸端を差し込むと糸が割れて上手く通せません。

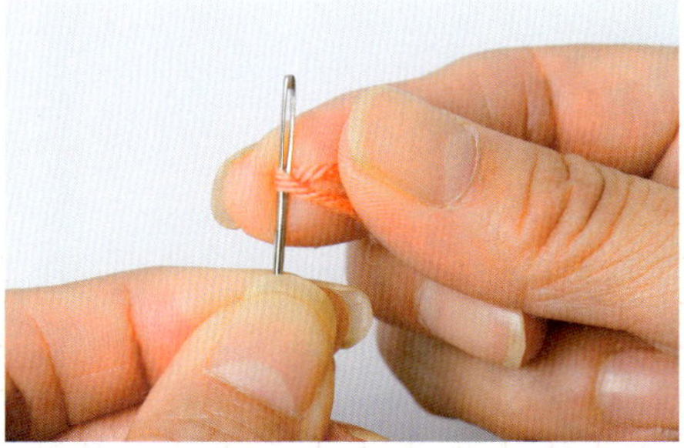

❶ とじ針をはさむように糸端をかけて右手の人さし指で後ろから押さえる。

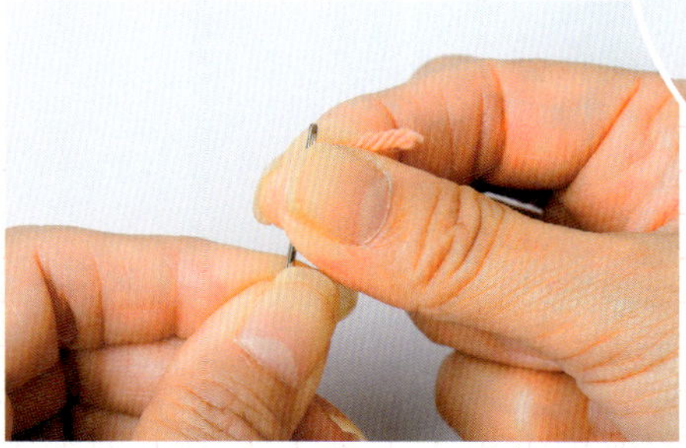

❷ 親指と人さし指でぎゅっとつまんで糸の折り山をつぶし、針を下に引き抜く。

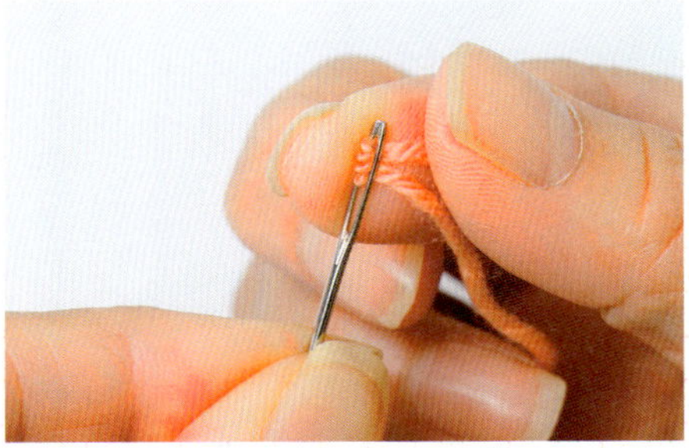

❸ 折り山に針穴を寄せて穴に通す。上手く通らないときは、もう一度折り山をつぶして通す。

❹ 折り山が通ったら折り山を引いて糸端を引き出す。

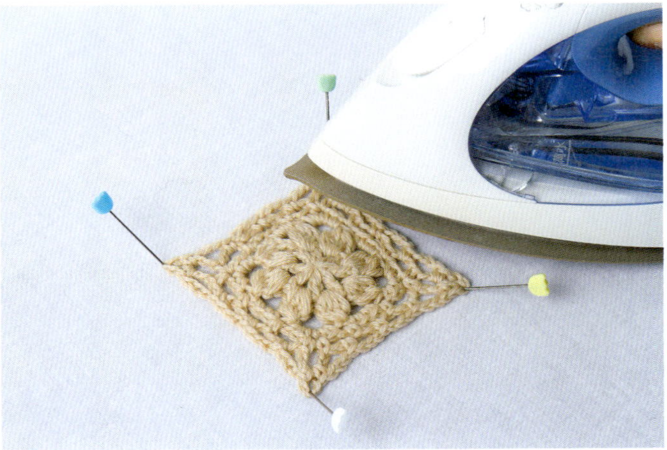

MINI**COLUMN

仕上げのスチームアイロン

編み上がったモチーフは蒸気をかけると目が揃ってきれいに仕上がります。アイロン台にニット用のまち針を使って、仕上がりのサイズに合わせて四隅にまち針を打ちます。小さめの四角いモチーフは４カ所で十分ですが、円形やつなぎ合わせたモチーフなどはまち針とまち針の間を等間隔に、さらに細かくまち針を打ちましょう。モチーフから２～3㎝離して蒸気をかけます。直接編み地にアイロンをかけると、せっかくの編み目がつぶれてしまいます。縁側がくるんと丸まって気になるときは、アイロンの先でつぶさないように軽く伸ばします。蒸気をかけたら、そのまましばらく置き、蒸気が抜けて完全に冷めてからまち針をはずしましょう。冷めないうちにまち針をはずすと、編み地が安定せずに縮むことがありますので、注意しましょう。洗濯のあとも同様にして蒸気をかけます。

LESSON

レッスン作品 -2

motif-2 コースター

モチーフの色を替えるレッスンにちょうど良い大きさです。
p.22で糸端を輪にする方法の編み方を詳しく解説しています。

デザイン…岡本啓子
＊糸…ハマナカ フェアレディー 50
＊編み方…p.21、27

材料と用具（1点分）
糸…ハマナカ フェアレディー 50（40g玉巻）
Aオフホワイト（2）、水色（55）、こげ茶（92）各2g
Bベージュ（46）、からし色（98）、こげ茶（92）各2g
針…ハマナカアミアミ両かぎ針ラクラク　5/0号

四角いモチーフの編み方

それでは、レッスン作品のモチーフをもう1枚編んでみましょう。
p.20の作品では3色の糸で編んでいますが、まずは1色で編んでみましょう。

〈実物大〉

モチーフの編み方記号図

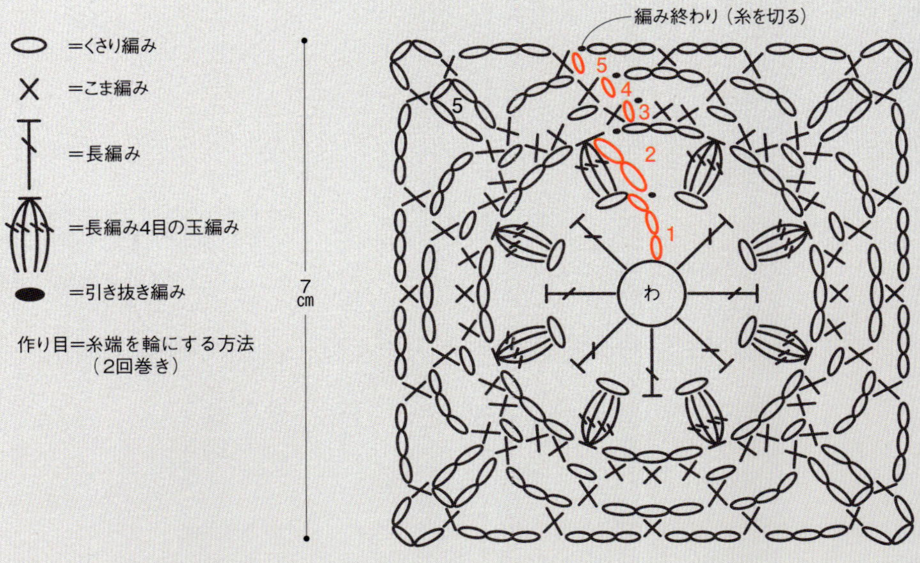

作り目、1段め

糸端を輪にする方法（2回巻き）

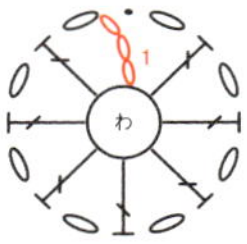

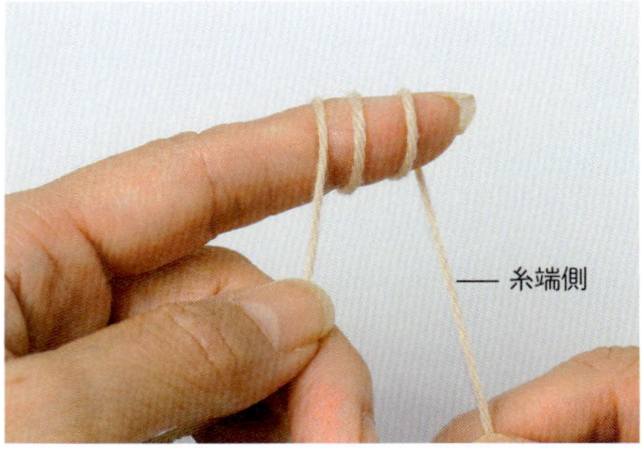

❶ 指に糸を2回巻きつけて輪を作る。

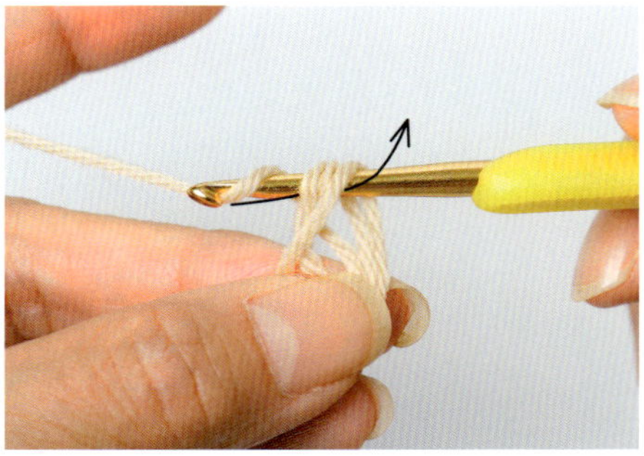

❷ 指から輪をはずし、輪の部分を左手で押さえて、輪の中に針を入れ、糸をかけて矢印のように引き出す。

❸ 糸をかけ、立ち上がりのくさり編みを3目編む

長編み

❹ くさり編み3目が編めた。さらにくさり編みを1目編む。

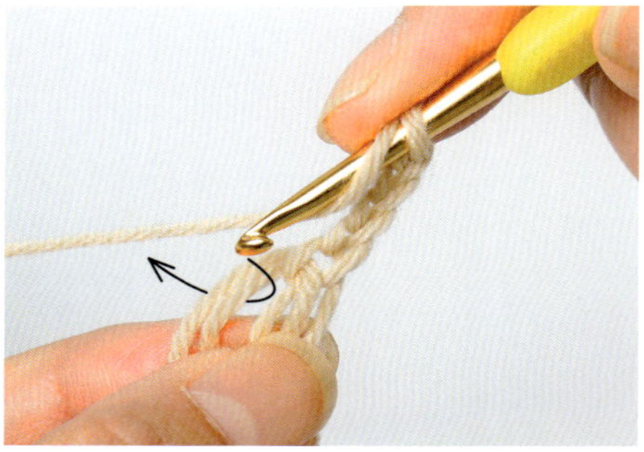

❺ 長編みを編む。針に糸をかけ、矢印のように輪の中に針を入れる。

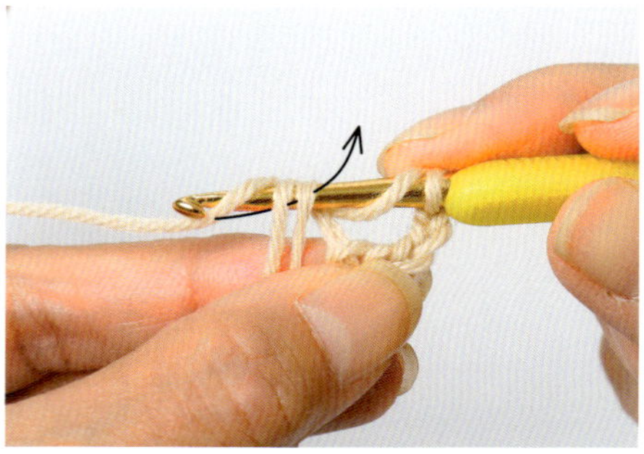

❻ 針に糸をかけ、矢印のように引き出す。

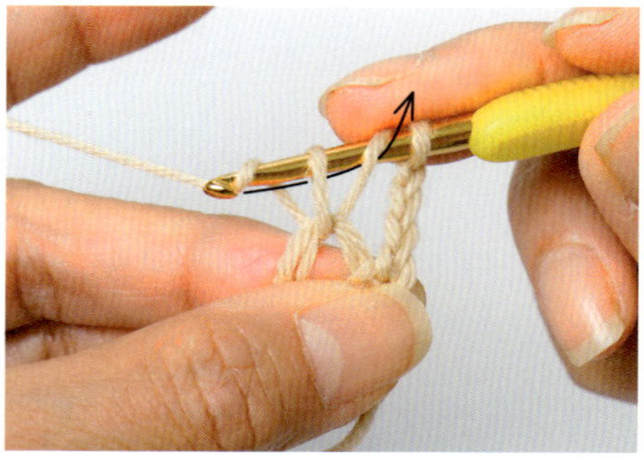

❼ 針に糸をかけ、矢印のように2つのループを引き抜く。

❽ 未完成の長編みができた。もう1度針に糸をかけ、針にかかっている2つのループを引き抜く。

❾ 長編みが1目編めた。

⑩ くさり編みを１目編む。

⑪ ⑤〜⑩を繰り返し、長編みとくさり編みを交互に編み進む。

⑫ 必要目数を編んだら、糸端を少し引き、動く方の１の糸を引いて２の糸を引き締める。

⑬ 糸端を引いて引き締める。

⑭ 最初の目の頭をすくい、針に糸をかけて引き抜く。

⑮ １段めが編めた。中心の穴が小さくなり、緩まない。

２段め

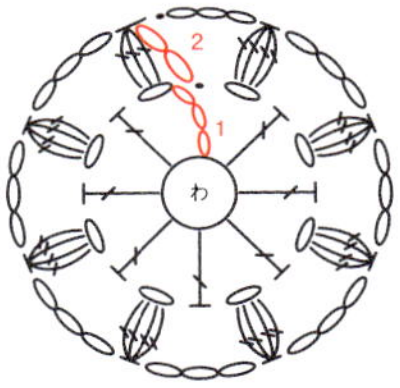

長編み４目の玉編み

① ２段めは長編み４目の玉編みを編む。立ち上がりのくさり編み２目を編み、針に糸をかけて矢印のように束《そく》にすくい(p.15参照)、糸をかけて引き出す。

② 針に糸をかけ、矢印のように２つのループを引き抜く。

③ 未完成の長編みが編めた。針に糸をかけ、矢印のように①と同じところに針を入れ、未完成の長編みを編む。

❹ 未完成の長編みが２目編めた。❸と同様にしてもう１目編む。

❺ 針に糸をかけ、矢印のように一度に引き抜く。

❻ 長編み４目の玉編みが１目編めた。最初の目だけはくさり編みと長編みの玉編みになる。

❼ くさり編みを３目編み、糸をかけて矢印のように束にすくい、未完成の長編みを４目編む。

❽ 針に糸をかけて一度に引き抜く。

❾ 長編み４目の玉編みが編めた。❼〜❾を繰り返して編み進む。

❿ 最後は矢印のように１目めの玉編みの頭をすくって引き抜く。

⓫ ２段めが編めた。

3段め

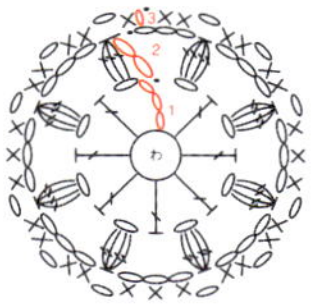

point

立ち上がりの位置は辺の中央で立ち上がる方がきれいです。この模様の場合、前段の立ち上がりの右側にこま編みを編むことで4段め以降の立ち上がりの位置が辺の中央になります。模様が崩れずに、きれいに編めむためのちょっとしたテクニックです。

❶ 3段めを編む。立ち上がりのくさり編み1目編んだら、こま編みは前段の編み終わりの右側に編む。

❷ こま編みが編めた。

❸ くさり編みを1目編み、左隣りの2段めのくさり編みを束にすくってこま編みを2目編み、左方向に編み進む。

❹ くさり編みを1目編み、同じ位置を束にすくってこま編みを2目編む。

❺ くさり編みを1目編み、左隣りの2段めのくさり編みを束にすくってこま編みを3目編む。

❻ 続けて編み進み、最後は矢印のように1目めのこま編みの頭をすくって引き抜く。

4段め

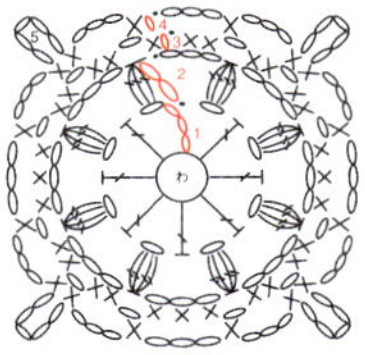

❶ 4段めを編む。くさり1目で立ち上がり、こま編みを1目、くさり編みを3目編み、3段めのくさり編みを束にすくってこま編みを編む。

❷ くさり編み5目を編み、もう一度同じところにこま編みを1目編む。

❸ くさりのループで角ができる。

❹ 続けて編み進む。

❺ 最後は矢印のようにこま編みの頭をすくって引き抜く。

❻ 4段めが編めた。

5段め

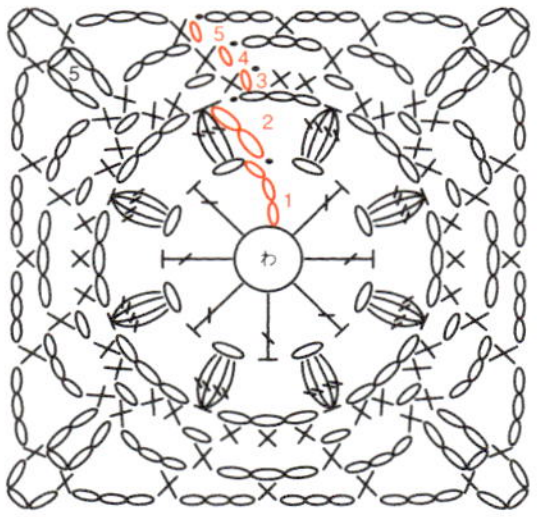

❶ 5段めを編む。くさり編み1目で立ち上がり、矢印のようにすくってこま編みを1目編む。

❷ こま編みが編めた。くさり編み3目を編む。

❸ 角は4段めと同じ要領で、前段のくさりのループにこま編み1目、くさり編み3目、こま編み1目を束に編む。

❹ 四角形の角が編めた。続けて編み進む。

❺ 編み終りは引き抜かず、p.18を参照して1目作るようにして5段めの編み始めとつなぐ。

❻ 裏側で糸を始末する(p.18参照)。

完成

四角いモチーフの色の替え方

〈実物大〉

A

B

モチーフの編み方記号図

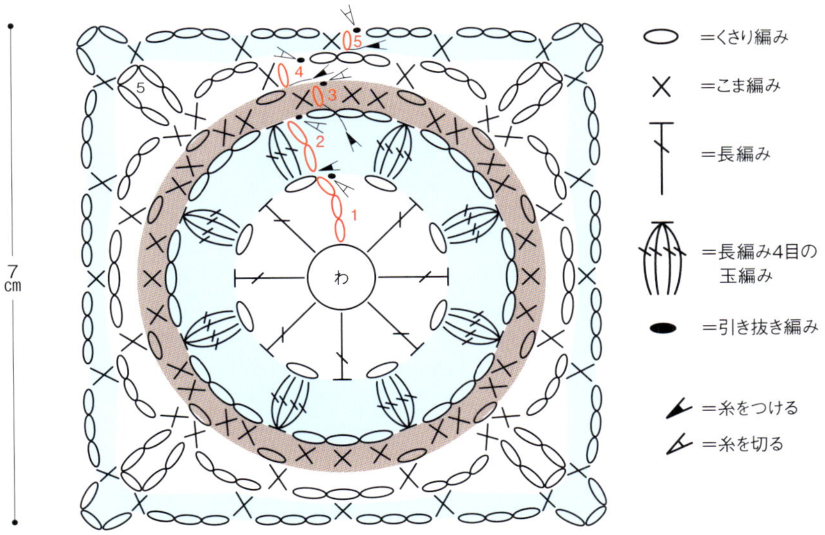

モチーフの配色

	A	B
5段め	水色	からし色
4段め	オフホワイト	ベージュ
3段め	こげ茶	こげ茶
2段め	水色	からし色
1段め	オフホワイト	ベージュ

【配色糸の替え方】

❶ 1段めが編めた。15cmくらい残して切る。

❷ 進行方向に糸端を沿わせて左手に持ち直す。

❸ 配色糸を左手の人さし指にかけ、1段めを束にすくって針に糸をかけ、矢印のように引き出す。

❹ 1段めの糸端をはさみ、糸をかけて引き抜き、立ち上がりのくさり2目を編む。

❺ くさり2目が編めた。矢印のように針を入れ、1段めの糸端を編みくるみながら、未完成の長編みを編む。

❻ 未完成の長編みが3目編めた。糸をかけ一度に引き抜く。

❼ 糸が編みくるまれて、長編み4目の玉編みが編めた。最初の目だけはくさり編みと長編みの玉編みになる。

❽ 続けて糸端を編みくるみながら長編み4目の玉編みを編み、2～3模様編んだら1段めの糸端を切る。

❾ 2段めが編めた。

⑩ 2段めの編み始めの糸は、とじ針に糸を通して裏側をすくい、糸始末をする(p.18参照)。

⑪ 3段めを編む。2段めの編み終りの右側に針を入れて糸を引き出す。2段めの糸端をはさみ、編みくるみながら3段めを編み進む。

⑫ 2～3模様編み進んだら、2段めの糸端を切る。

⑬ 同じように4段め、5段めも糸を替えて編み、糸を始末する。
完成

advice

一般的な配色糸の替え方

この本では、はじめての方にもわかりやすいように、配色の際に一段ずつ引き抜いて糸を切りますが、段の終わりを引き抜くときに糸を替える方法もあります。右のイラストのように、色を替える手前の目の最後の糸を引き抜くときに、新しい色に替えて編みます。糸端はあとからとじ針で始末しましょう。一般的によく使われる方法ですので、覚えておくとよいでしょう。

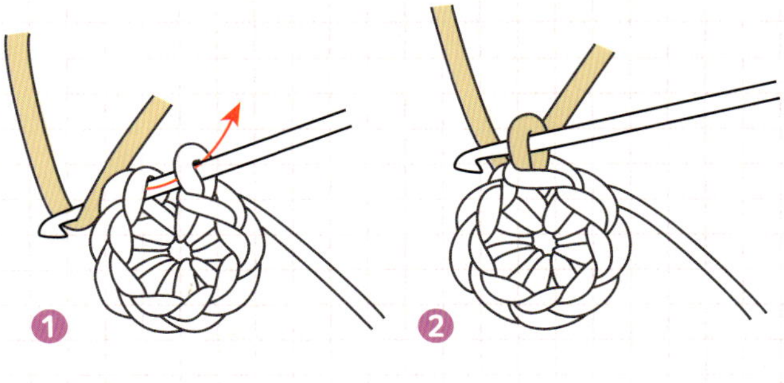

色を替える手前の目の最後の糸を引き抜くときに、
新しい糸に替えて編む

3 いろいろなモチーフを編んでみましょう

この本で紹介するモチーフを集めました。
サイズを気にしないで編めるマフラーやひざかけは、違うモチーフに替えてアレンジもできます。
さあ、好きな形をみつけたら１枚編んでみましょう。

【丸いモチーフ】

motif-11 → p.58、59

motif-20 → p.106

motif-8 → p.46、47

motif-19 → p.103

motif-1 → p.10

【四角いモチーフ】

motif-18 → p.98、100

motif-2 → p.20

motif-16 → p.86、87、90

motif-17 → p.94、95

motif-9 → p.50、51

motif-10 → p.54、55

【花のモチーフ】

motif-3+4 → p.34、35

motif-21 → p.106

motif-15 → p.82、83

motif-4 → p.34、35

【花と多角形のモチーフ】

motif-13 → p.70、71

motif-6 → p.40

motif-3 → p.34、35

motif-14 → p.76 〜78

motif-5 → p.39

motif-12 → p.62 〜65

4 かんたんな小物を編んでみましょう

レッスンページでモチーフが編めたら、かんたんな小物を作ってみましょう。
1 枚で作れるコサージュやドイリー、2 段で編める小さなモチーフをつないだブレスレットなど、
短時間で完成する作品を集めました。

motif-3・4 コサージュ

大きなモチーフと小さなモチーフは1枚ずつでも楽しめますが、
重ねて使うとボリュームのあるコサージュになります。

デザイン…河合真弓
＊糸…ハマナカ エクシードウール FL《合太》
　アルパカモヘアフィーヌ
＊編み方…p.36

写真 34・35 ページ

motif-3・4 コサージュ

材料と用具

糸…Aハマナカ アルパカモヘアフィーヌ（25g玉巻）オフホワイト(1)1g
Bエクシードウール FL《合太》(40g玉巻）ベージュ(202)5g
Cエクシードウール FL《合太》オフホワイト(201)6g
Dエクシードウール FL《合太》こげ茶(206)5g、アルパカモヘアフィーヌ　薄茶(3)1g
針…ハマナカアミアミ両かぎ針ラクラク 4/0号
その他…ブローチピン
A/2cm　B、C、D長さ3.5cm各1個
モチーフの大きさ…A/4cm　B、C、D／7cm

編み方

糸は指定の色で編みます。
A／くさり８目を作り目して輪にし、モチーフ３を編みます。花しんは糸端を輪にする方法で作り目をして編み、中心にとじつけます。裏側にブローチピンをつけます。
B／Aと同様に作り目をして、モチーフ4を編みます。裏側にブローチピンをつけます。
C、D／モチーフ3、4と花しんを編み、重ねてつけます。裏側にブローチピンをつけます。

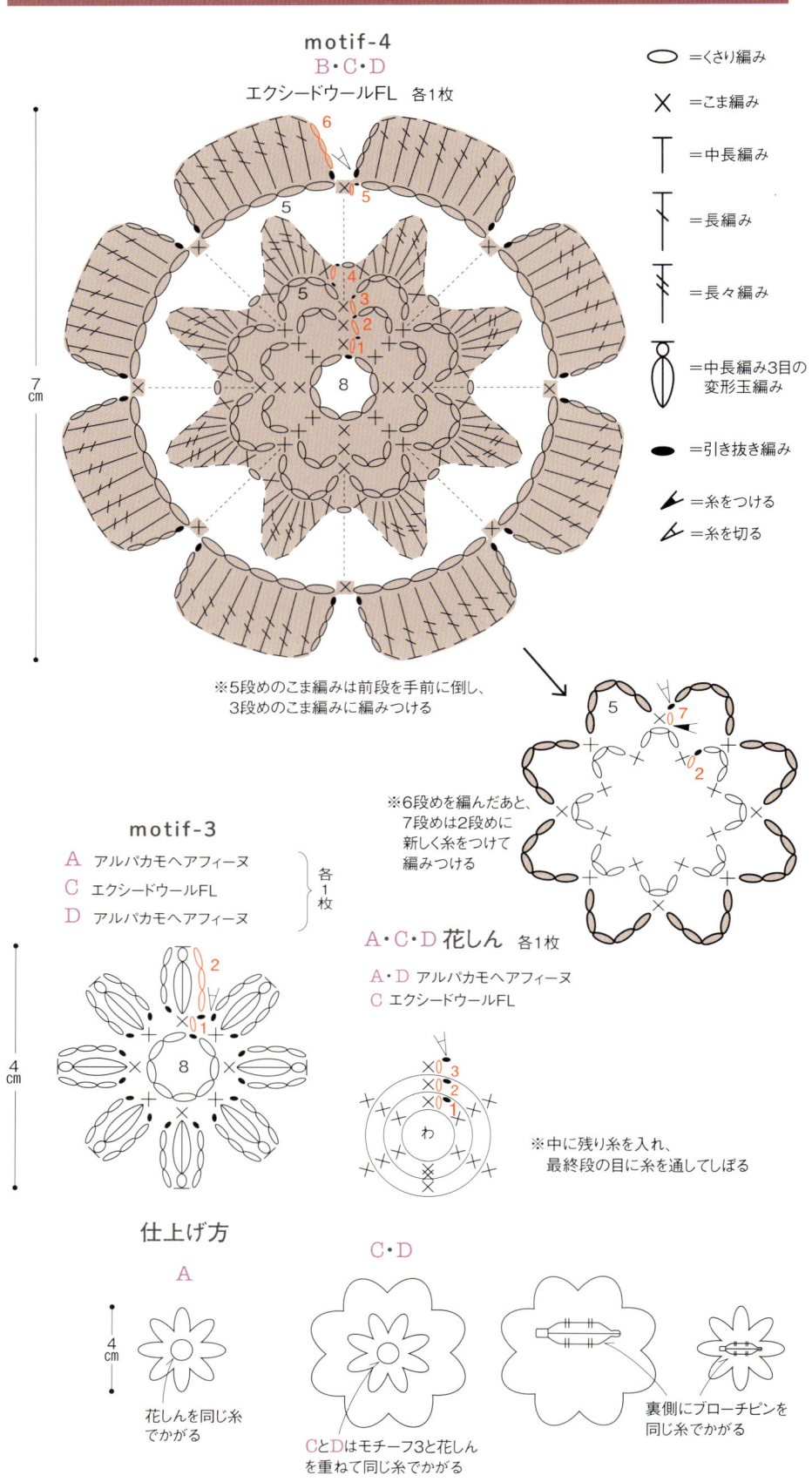

モチーフの編み方記号図

motif-4

B・C・D
エクシードウールFL　各1枚

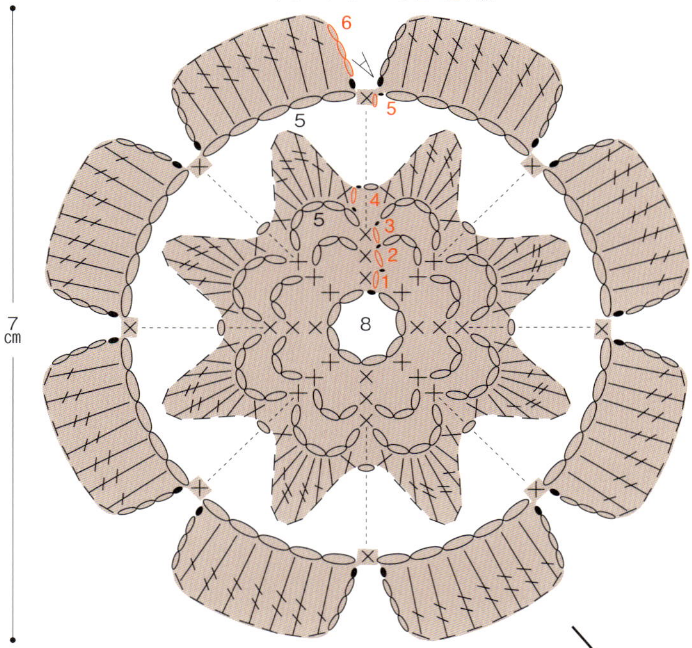

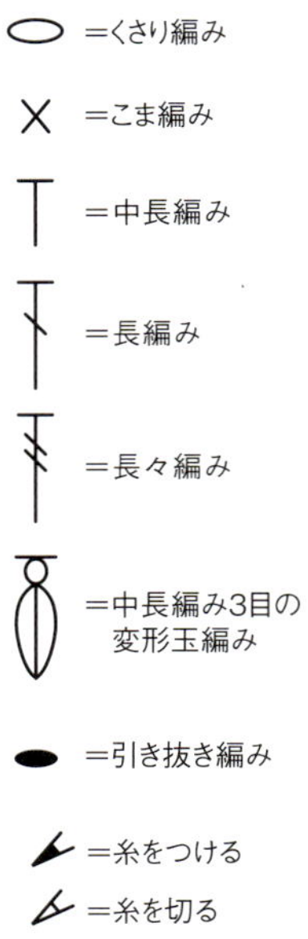

※5段めのこま編みは前段を手前に倒し、3段めのこま編みに編みつける

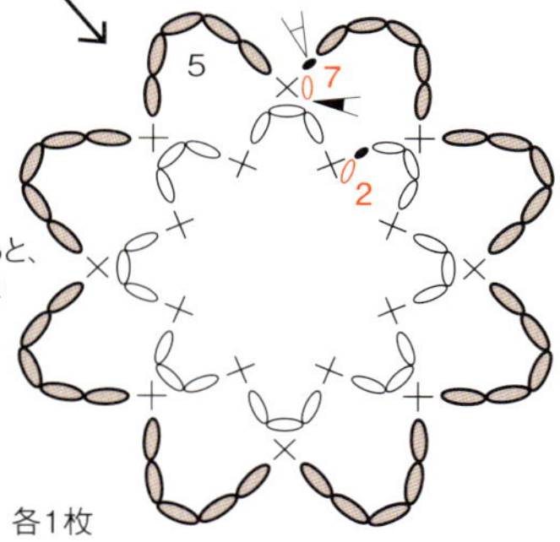

※6段めを編んだあと、7段めは2段めに新しく糸をつけて編みつける

motif-3

A　アルパカモヘアフィーヌ
C　エクシードウールFL
D　アルパカモヘアフィーヌ
各1枚

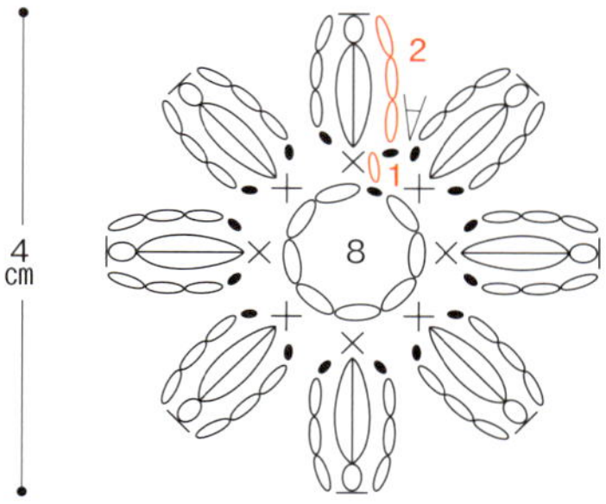

A・C・D 花しん　各1枚

A・D アルパカモヘアフィーヌ
C エクシードウールFL

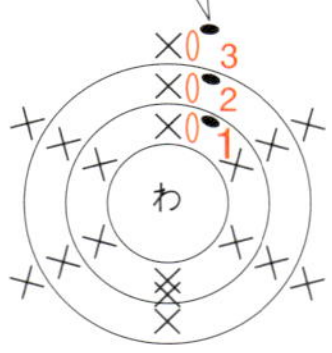

※中に残り糸を入れ、最終段の目に糸を通してしぼる

仕上げ方

A

C・D

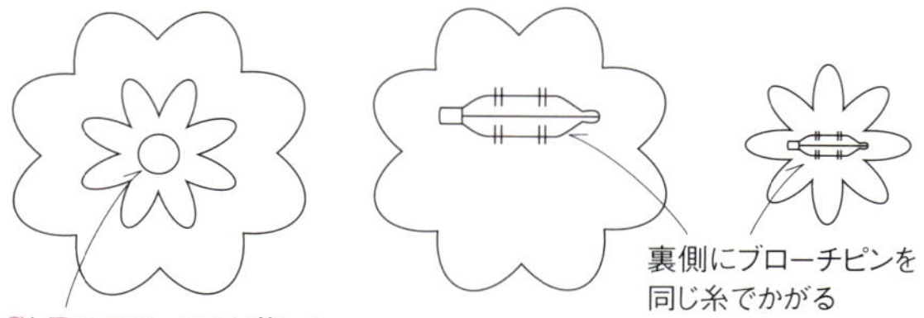

【長々編みの編み方】

❶ 針に2回糸をかけ、矢印のように針を入れ、糸をかけて引き出す。

❷ 針に糸をかけ、矢印のように2ループ引き抜く（1回め）。

❸ 針に糸をかけ、矢印のように2ループ引き抜く（2回め）。

❹ もう一度針に糸をかけ、矢印のように一度に引き抜く（3回め）。

❺ 長々編みが編めた。

advice　編み目の高さの組み合わせでカーブができる

このモチーフの4段めは、こま編み、中長編み、長編み、長々編み、長々編み、長編み、中長編み、こま編みの順に編んでいます。
こま編みはくさり1目分の高さ、中長編みはくさり2目分の高さ、長編みはくさり3目分の高さ、長々編みはくさり4目分の高さを持つ編み目です。このように高さの違う編み目を組み合わせると写真のようなきれいなカーブが作れます。

× こま編み 

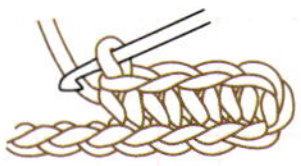

中長編み 

長編み 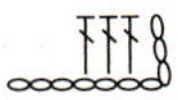

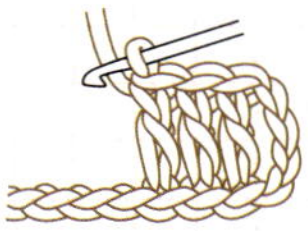

長々編み目 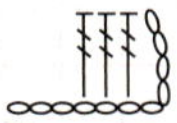

【中長編み３目の変形玉編みの編み方】

❶ くさり３目を編み、針に糸をかけて矢印のようにこま編みの頭に針を入れる。

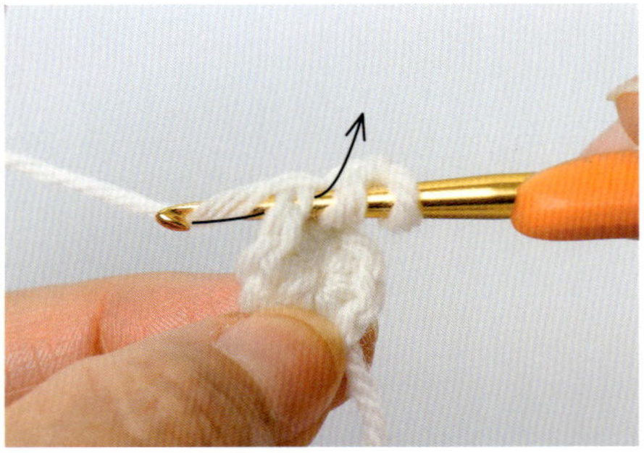

❷ 糸をかけて引き出す。

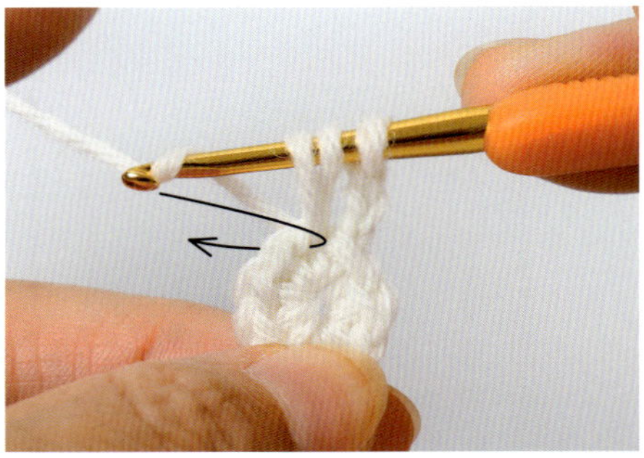

❸ 未完成の中長編みが１目編めた。糸をかけ、同じ位置に針を入れて糸をかけて引き出す。

❹ 未完成の中長編みが２目編めた。同じ位置に針を入れ、３目めを編む。

❺ 針に糸をかけ矢印のように引き抜く。

❻ もう一度針に糸をかけ、矢印のように引き抜く。

❼ 中長編み３目の変形玉編みが編めた。

❽ 続けてくさり編みを３目編み、前段の同じ目に引き抜く。

motif-5 ブレスレット

2段で編める小さなモチーフをつないだアクセサリー。
お好みの長さになるまでつなぎましょう。

デザイン…風工房
＊糸…ハマナカ アプリコ
＊編み方…p.41

motif-6 ネックレス

ブレスレットをアレンジしてより立体的なモチーフに。
ふんわりとした毛糸に替えて編んでも素敵です。

デザイン…風工房
＊糸…ハマナカ アプリコ
＊編み方…p.41

写真 39 ページ

motif-5 ブレスレット

材料と用具

糸…ハマナカ アプリコ(30g玉巻)
Aラベンダー(10)　Bライラック(9) 各6g
針…ハマナカアミアミ両かぎ針ラクラク3/0号
その他…直径1.3cmのボタン1個
モチーフの大きさ…直径3.5cm
でき上がりサイズ…長さ 38.5cm

編み方

モチーフはくさり編み5目を作り目して輪にし、図のように編みます。2枚めからは2段めで引き抜き編みでつなぎながら編みます(p.49参照)。ボタンをつけます。

モチーフの編み方記号図とつなぎ方

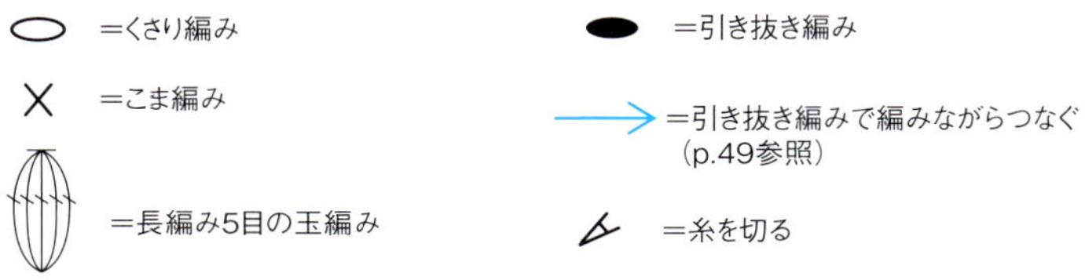

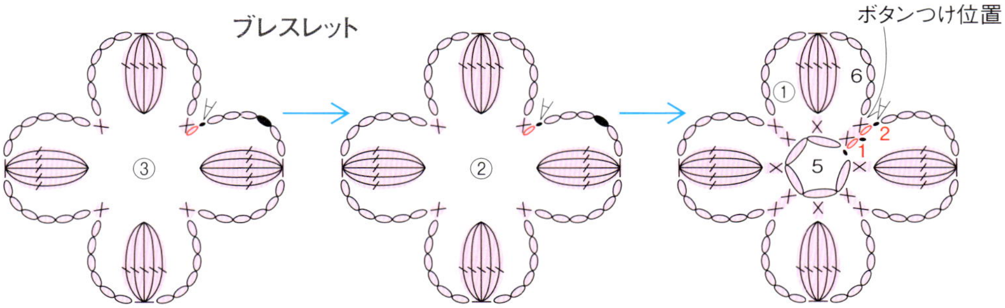

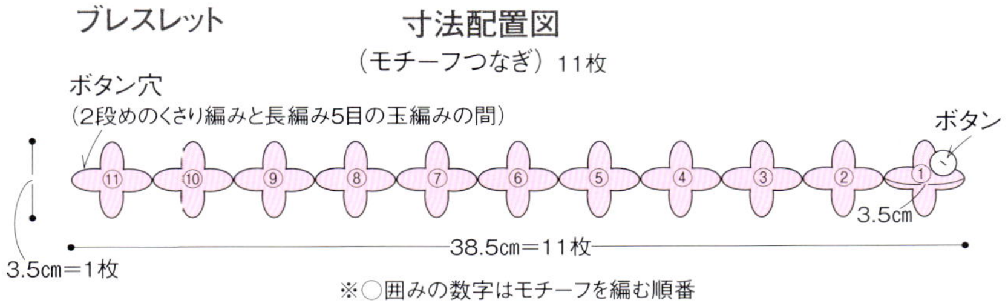

写真 40 ページ

motif-6 ネックレス

モチーフの編み方記号図とつなぎ方

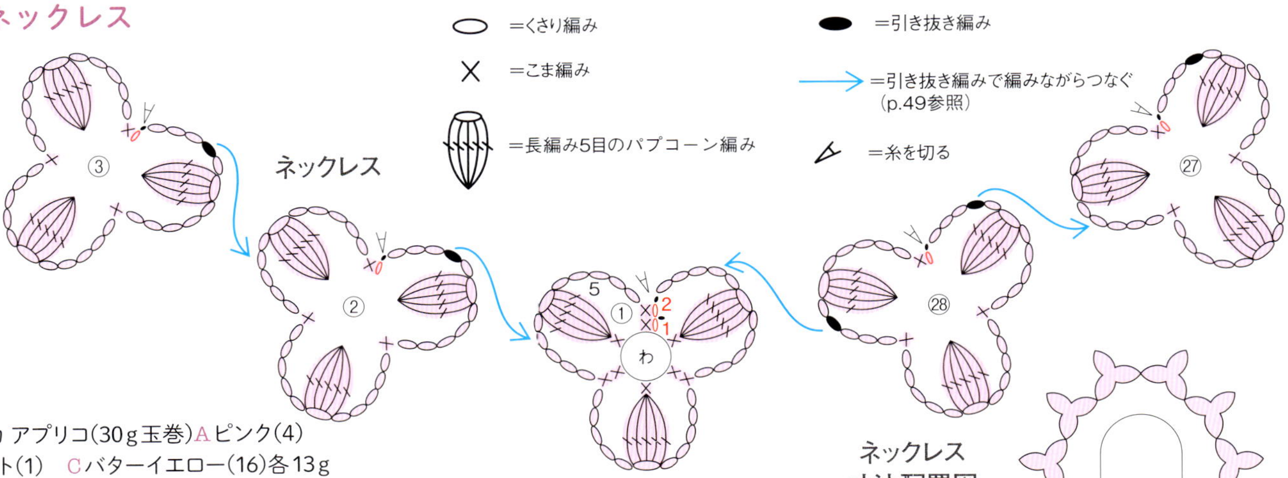

材料と用具

糸…ハマナカ アプリコ(30g玉巻)Aピンク(4)
Bオフホワイト(1)　Cバターイエロー(16)各13g
針…ハマナカアミアミ両かぎ針ラクラク　3/0号
モチーフの大きさ…図参照
でき上がりサイズ…長さ 70cm

編み方

モチーフは糸端を輪にする方法で作り目をして図のように編みます。2枚めからは2段めで引き抜き編みでつなぎながら編みます(p.49参照)。28枚めは1枚めと編みつないで輪にします。

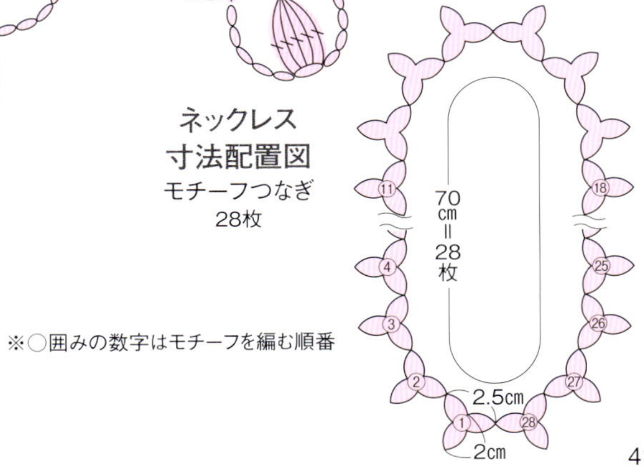

motif-7 六角モチーフのドイリー

麻素材を使った小さなドイリーです。
爽やかな白いドイリーも、2色使いも素敵です。

デザイン…遠藤ひろみ
＊糸…ハマナカ フラックスC
＊編み方…p.44

写真 42・43 ページ

A

B

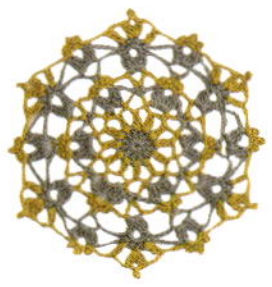

C

motif-7 六角モチーフのドイリー

材料と用具

糸…ハマナカ フラックスC(25g玉巻)
Aグリーン(107)、淡ベージュ(2)各3g
Bグレー(4)、からし色(105)各3g　Cオフホワイト(1)6g
針…ハマナカアミアミ両かぎ針ラクラク　3/0号
ゲージ…長編み1段＝1.2cm
でき上がりサイズ…直径16cm

編み方

糸はA、Bは指定の配色で、Cはオフホワイトで編みます。
モチーフは糸端を輪にする方法で作り目をして図のように編みます。

配色

	A	B	C
8段め	淡ベージュ	からし色	オフホワイト
6、7段め	グリーン	グレー	
5段め	淡ベージュ	からし色	
4段め	グリーン	グレー	
2、3段め	淡ベージュ	からし色	
1段め	グリーン	グレー	

A・Bの編み方記号図

＝くさり編み
＝こま編み
＝長編み
＝長編み2目の玉編み
＝長編み3目の玉編み
＝くさり3目のピコット
＝引き抜き編み
＝糸をつける
＝糸を切る

Q & A

一色で編むときと色を替えて編むときの編み方はどこがちがうの？

この３枚のドイリーの模様は同じですが、１色で編むときの立ち上がり位置までの編み方が少し違います。
２色使いの２枚は１段ごとに糸を切って糸始末をします。１色で編むドイリーは糸を切らずに編み進むことができますが、２段めから３段めに移るときに立ち上がりまでの位置に距離があります。このようなときは立ち上がりの位置までのくさり目に１目ずつ引き抜いて糸を移動します。同様に４段め、５段めも引き抜いて糸を移動します。そうすることで、糸を切らずに続けて編むことができます。

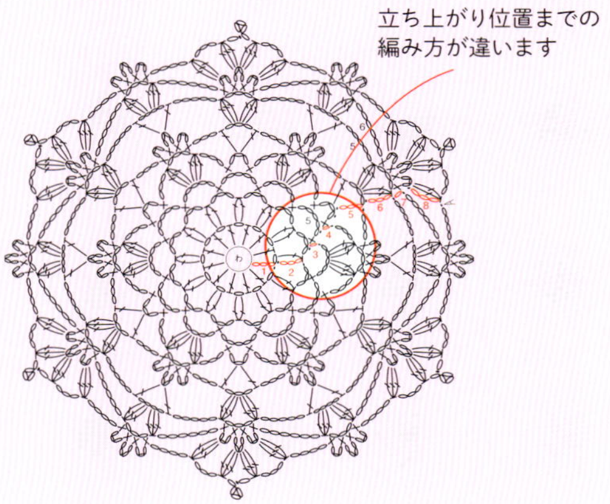

Cの編み方記号図

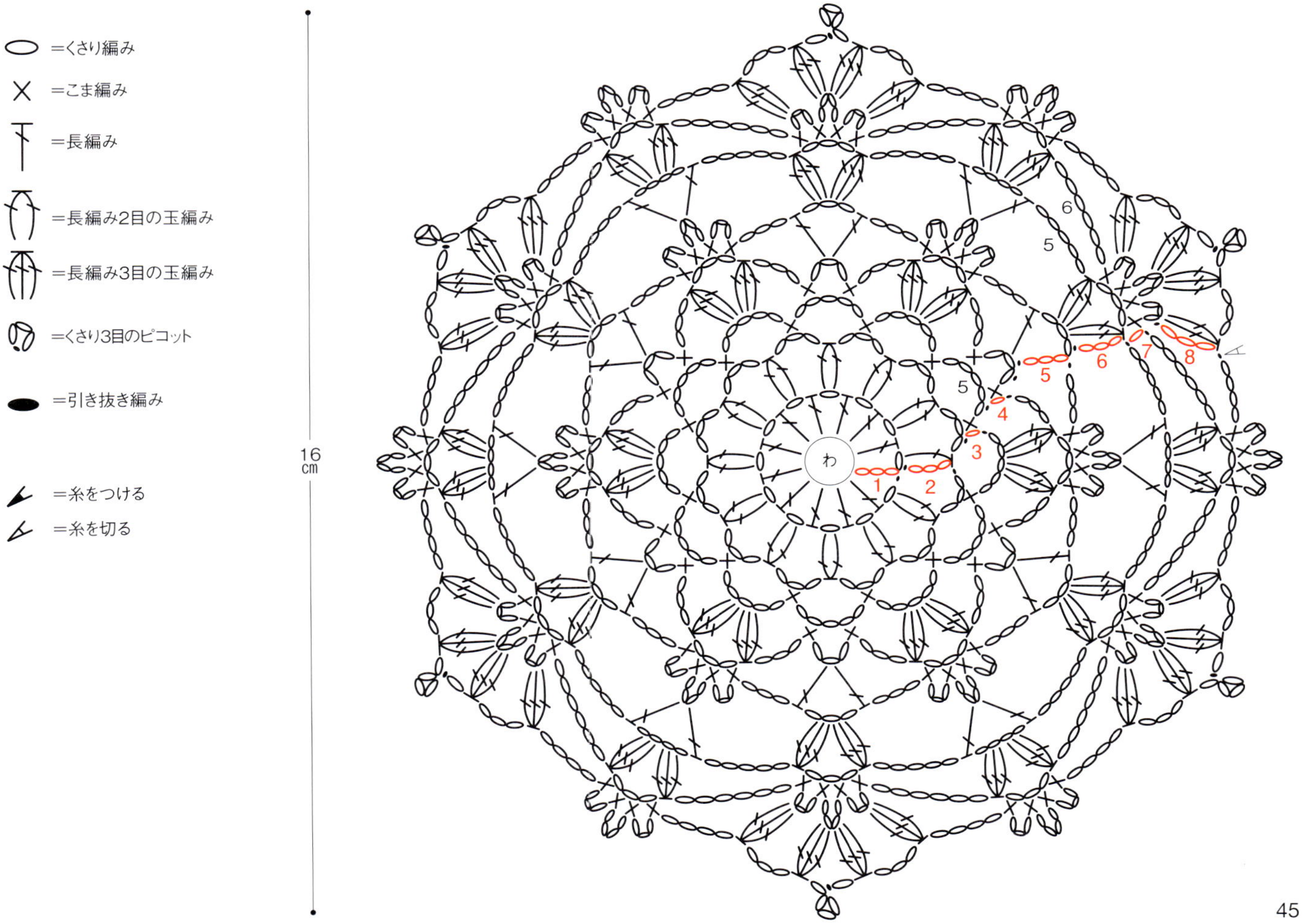

5 モチーフをつないでみましょう

少ない枚数をつないで作るドイリーやハンドウォーマーを編んでみましょう。
2 枚め以降のモチーフは最終段でつなぎながら編みます。
同じモチーフでも、つなぐ位置を替えることで形を自由に作れます。

motif-8 小さな花のドイリー

2段で編める小さなモチーフをつなぎます。
白1色と交互に反転させた2色使い。同じ編み方なのに違った模様に見えるから不思議です。

デザイン…遠藤ひろみ
＊糸…ハマナカ フラックス C
＊編み方…p.48

写真 46・47 ページ

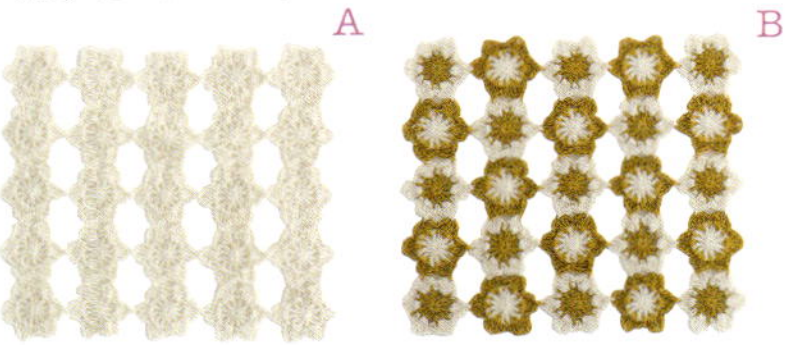

motif-8 小さな花のドイリー

材料と用具

糸…ハマナカ フラックスC(25g玉巻)
A オフホワイト(1)20g
B オフホワイト(1)、からし色(105)各10g
針…ハマナカアミアミ両かぎ針ラクラク　4/0号
モチーフの大きさ…一辺が 2.2㎝の六角形
でき上がりサイズ…22㎝×19㎝

編み方

糸はAはオフホワイト、Bは指定の配色で編みます。
モチーフは糸端を輪にする方法で作り目をして図のように編みます。2枚めからは2段めで引き抜き編みでつなぎながら編みます。

モチーフの編み方記号図

Aのモチーフの編み方記号図

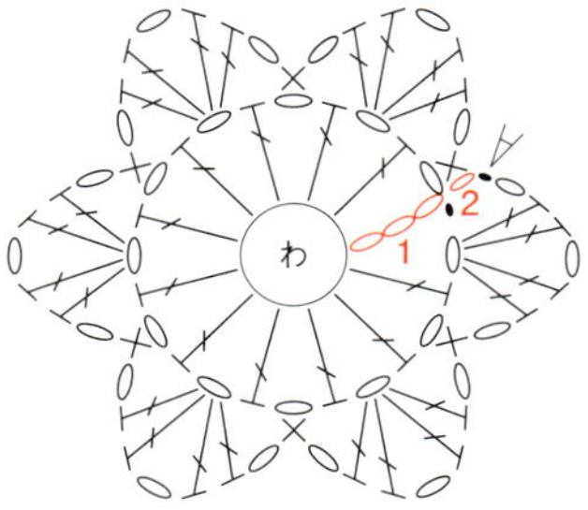

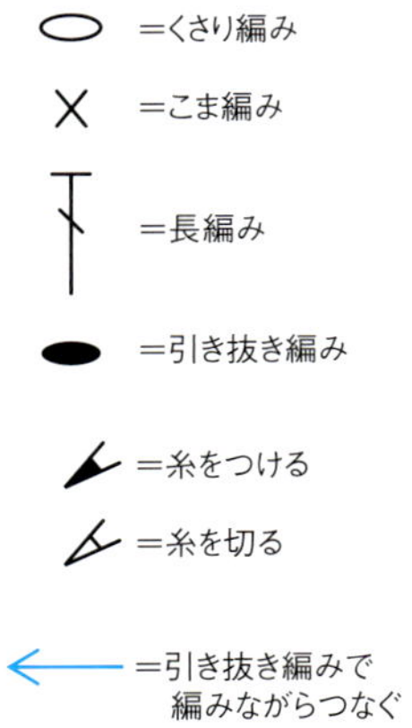

Bのモチーフの編み方記号図

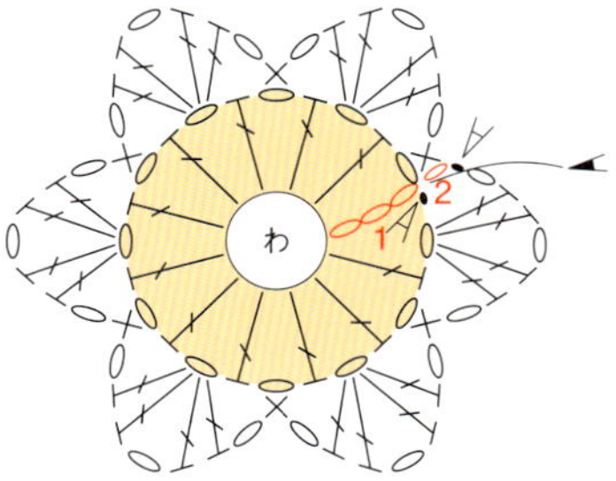

Bのモチーフの編み方記号図とつなぎ方

※Aも同様につなぐ

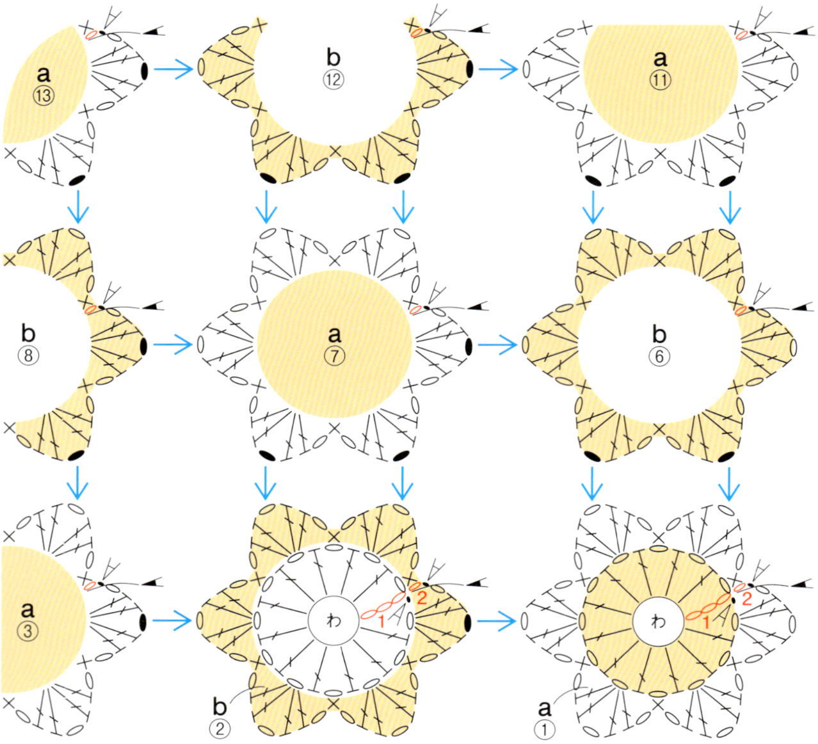

寸法配置図

(モチーフつなぎ) 25枚

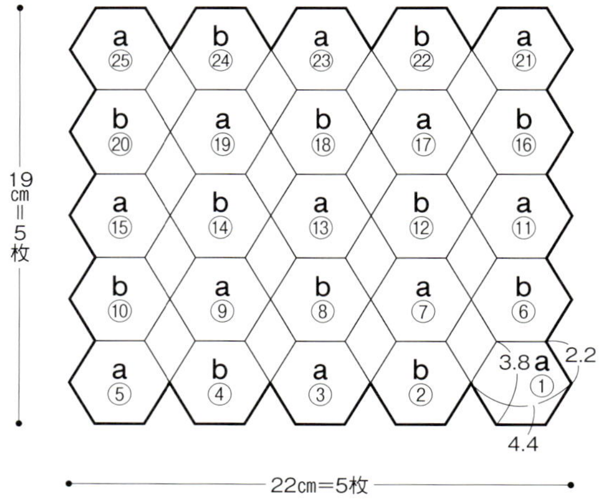

※○囲みの数字はモチーフを編む順番

モチーフの配色と枚数

	A25枚	B	
		a13枚	b12枚
2段め	オフホワイト	オフホワイト	からし色
1段め		からし色	オフホワイト

【モチーフのつなぎ方】

引き抜き編みでつなぐ方法

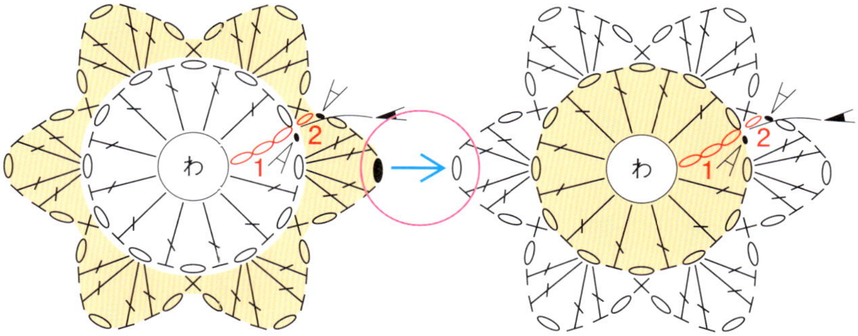

❶ 2枚めの引き抜きの位置にきたら、1枚めのモチーフに針を入れる。

❷ 糸をかけ、矢印のように引き抜く。

❸ 引き抜き編みでつながったところ。続けて編み進む。

❹ 2枚のモチーフがつながったところ。

motif-9 四角モチーフのドイリー

同じモチーフですが、つなぎ方を変えると四角形も、クロス形も作れます。
つないだ中央には星形の新しい模様が浮かび上がるデザインです。

デザイン…河合真弓
＊糸…ハマナカ ウオッシュコットン《クロッシェ》
＊編み方…p.52

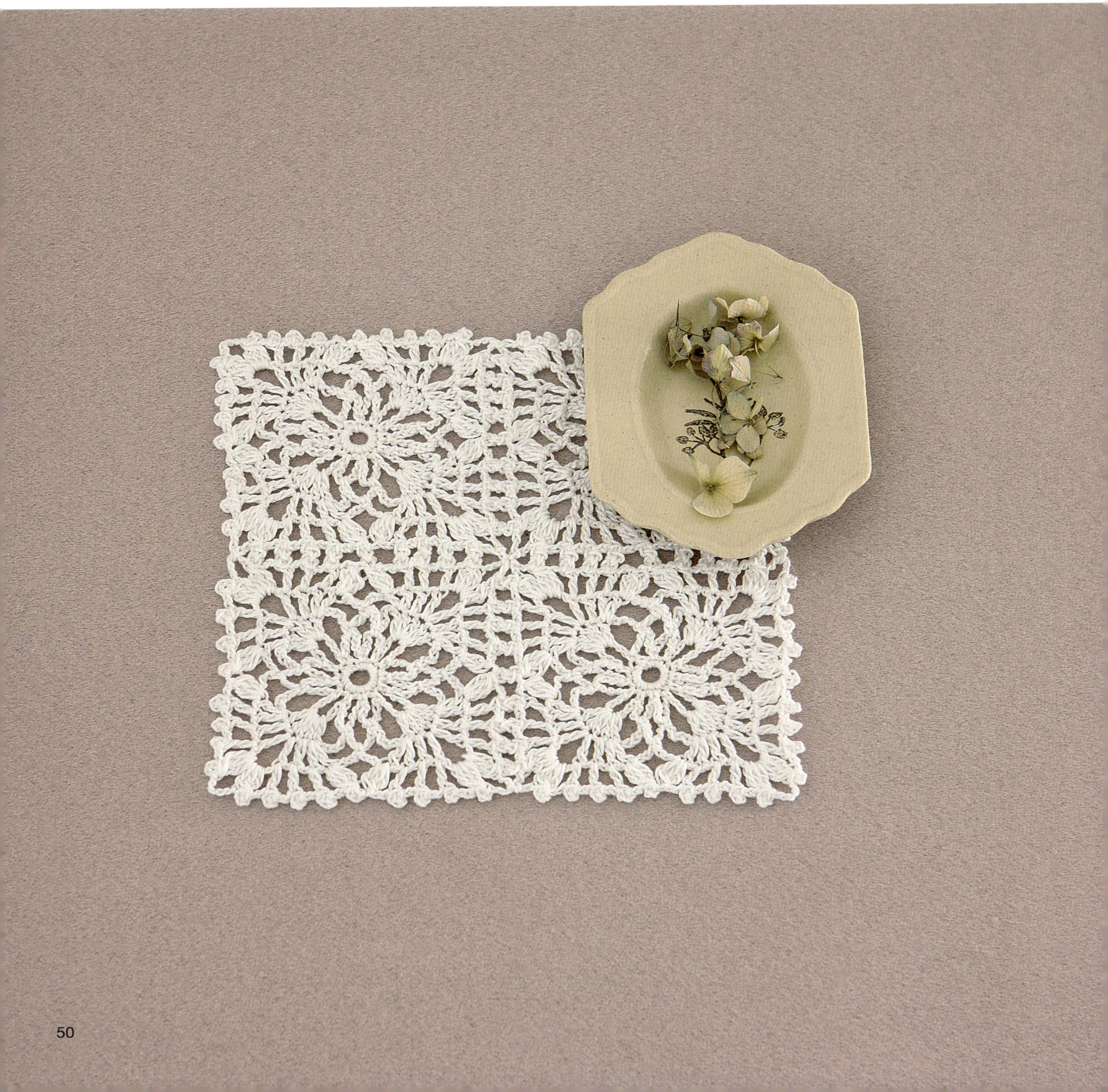

写真 50・51 ページ

A

B

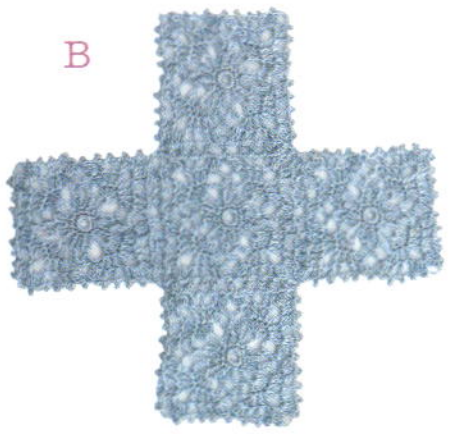

motif-9 四角モチーフのドイリー

材料と用具

糸…ハマナカ ウオッシュコットン《クロッシェ》(25g玉巻)
Aホワイト(101)16g　B水色(109)20g
針…ハマナカアミアミ両かぎ針ラクラク　3/0号
モチーフの大きさ…10cm角
でき上がりサイズ…A／20cm角　B／図参照

編み方

モチーフはくさり編み6目を作り目して輪にし、図のように編みます。2枚めからは最終段で引き抜き編みでつなぎながら編みます。

モチーフの編み方記号図

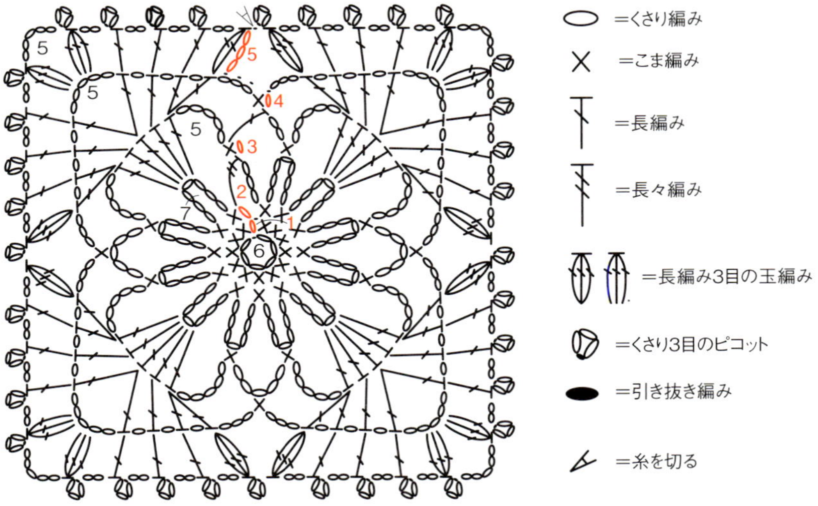

Aモチーフのつなぎ方

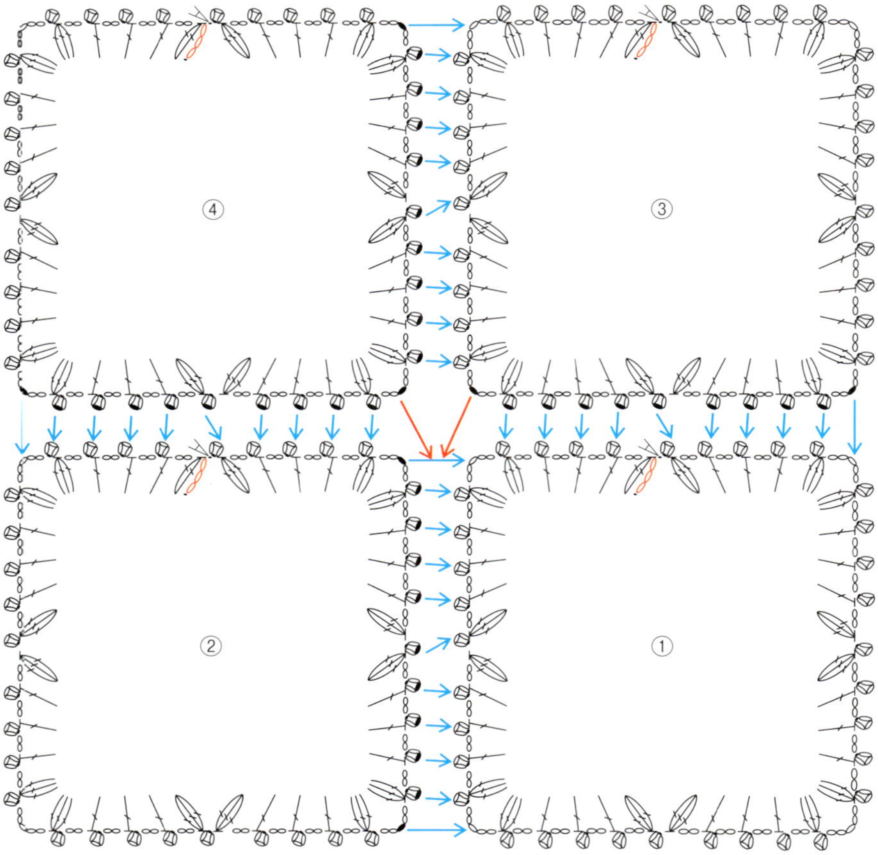

寸法配置図

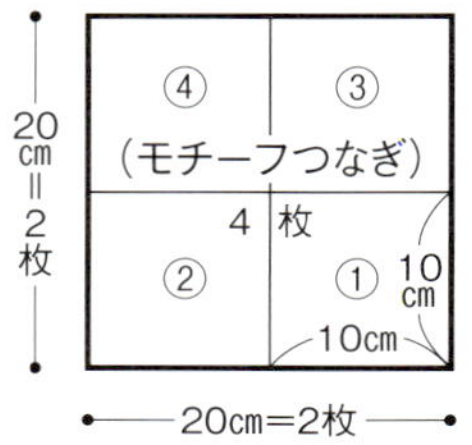

※○囲みの数字は
モチーフを編む順番

＝糸を切る
＝引き抜き編みでつなぎながら編む(p.49参照)
＝先につないだモチーフの引き抜き編みに編みつける(p.57参照)

寸法配置図

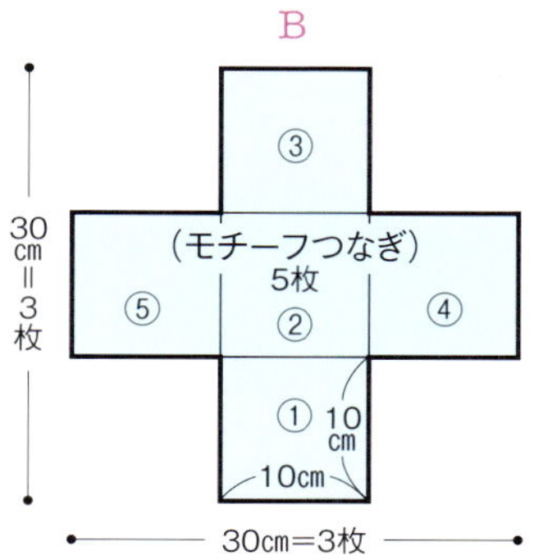

※○囲みの数字はモチーフを編む順番

Bモチーフのつなぎ方

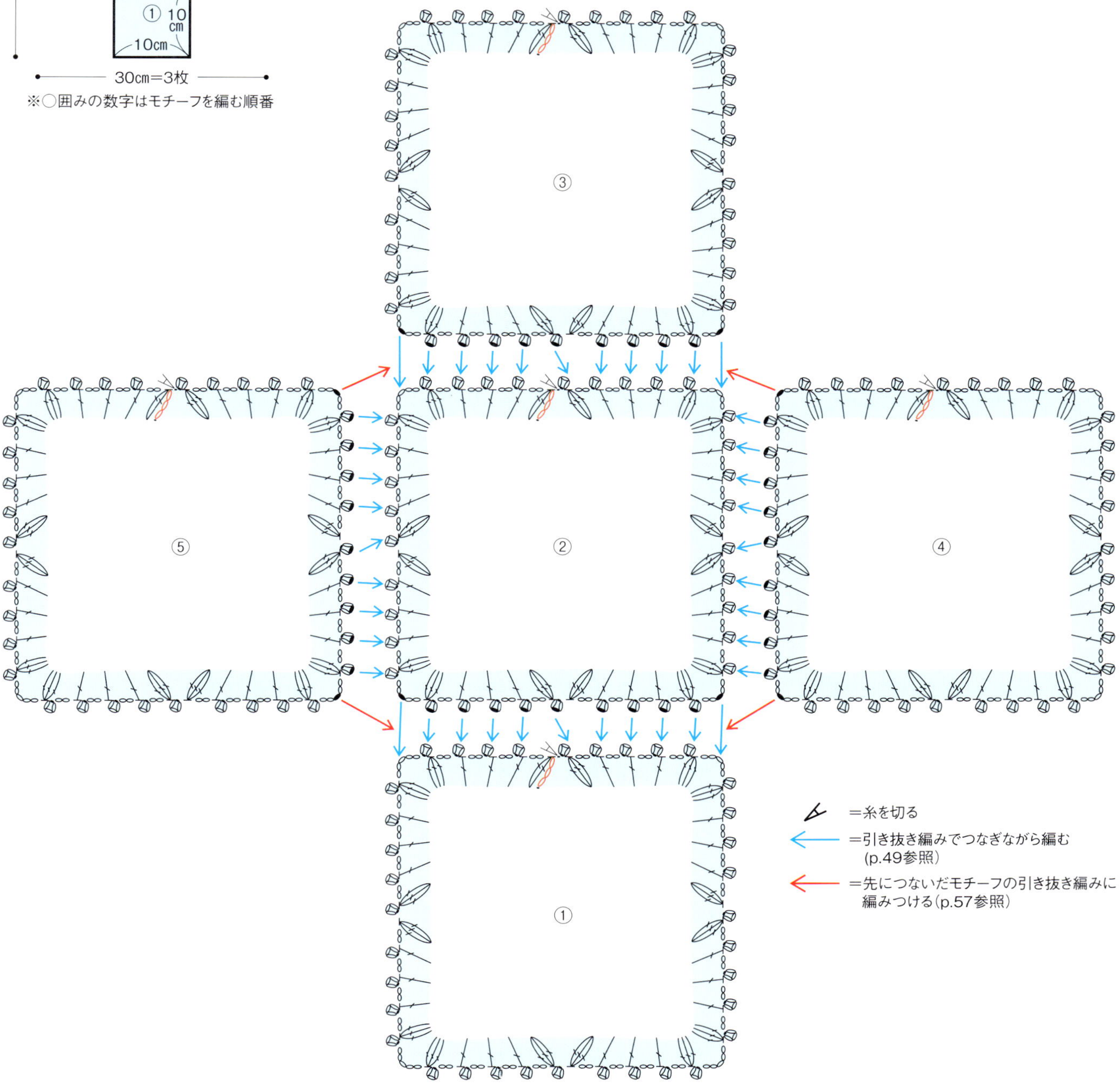

＝糸を切る

＝引き抜き編みでつなぎながら編む（p.49参照）

＝先につないだモチーフの引き抜き編みに編みつける（p.57参照）

Sense and
Sensibility

motif-10 ハンドウォーマー

4枚のモチーフをつないだ、かんたんデザイン。
玉編み模様はふっくらと立体的に仕上る可愛いらしい編み地です。

デザイン…風工房
＊糸…ハマナカ アメリー
＊編み方…p.56

写真 54・55 ページ

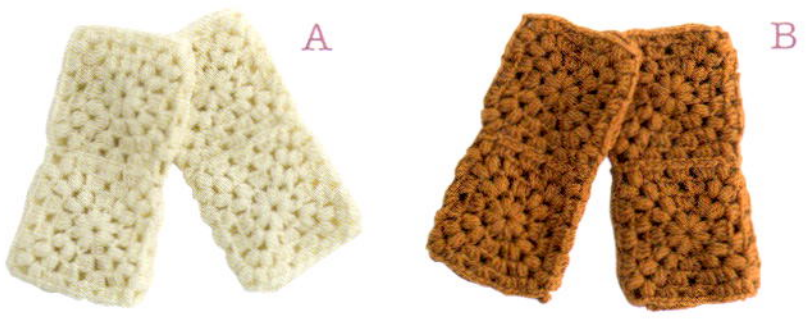

motif-10 ハンドウォーマー

材料と用具

糸…ハマナカ アメリー(40g玉巻)
A ナチュラルホワイト(20)、B オレンジ(4)各47g
針…ハマナカアミアミ両かぎ針ラクラク　6/0号
モチーフの大きさ…9.5cm角
でき上がりサイズ…手のひらまわり 19cm
長さ 19cm

編み方

モチーフはくさり編み5目を作り目して輪にし、図のように編みます。2枚めからは最終段で引き抜き編みでつなぎながら編みますが、指定の位置をつながずに親指穴をあけ、合い印どうしを合わせて輪につなぎます。

モチーフの編み方記号図

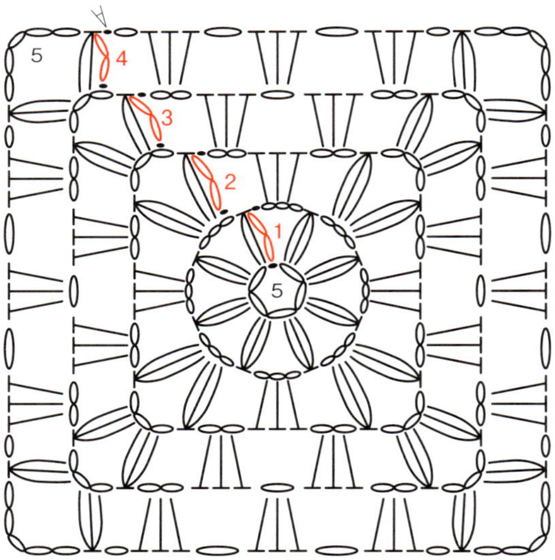

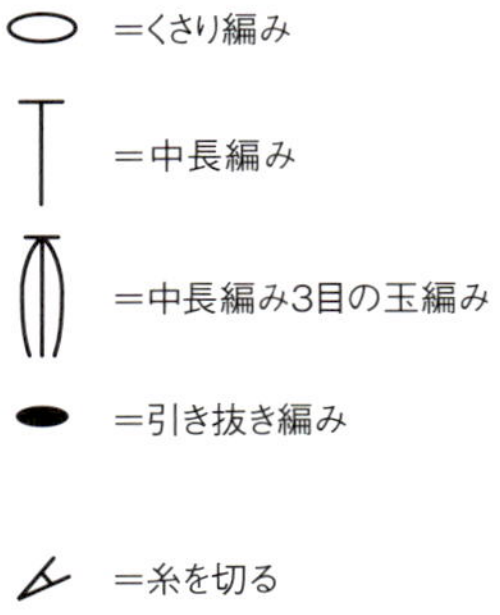

モチーフの編み方記号図とつなぎ方

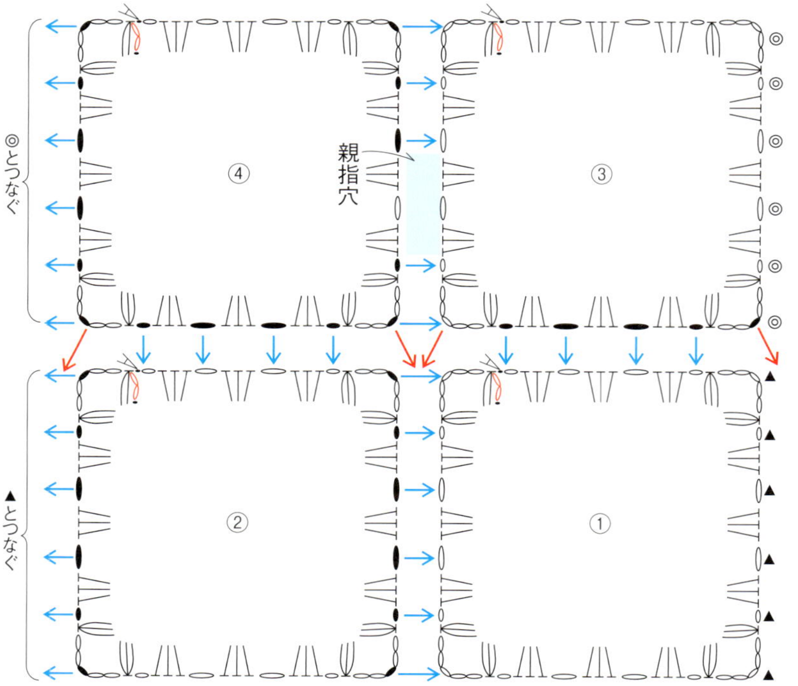

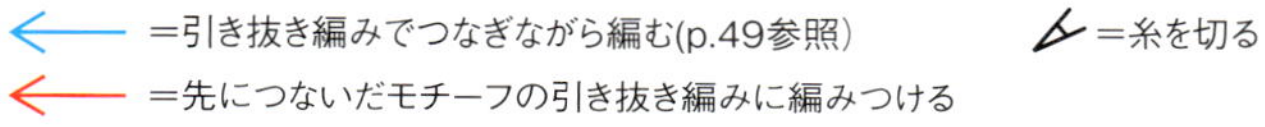

寸法配置図

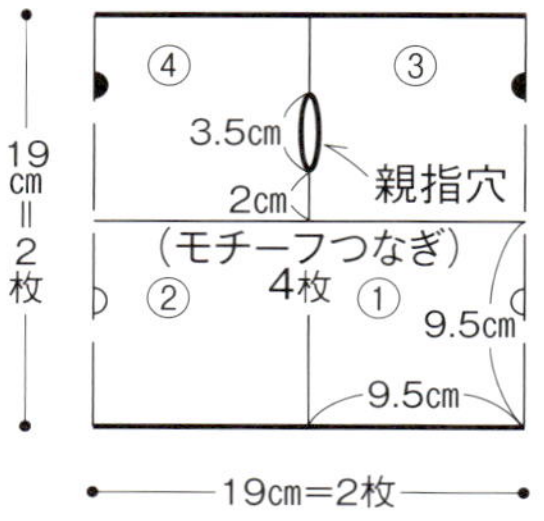

※〇囲みの数字はモチーフを編む順番

でき上がり図

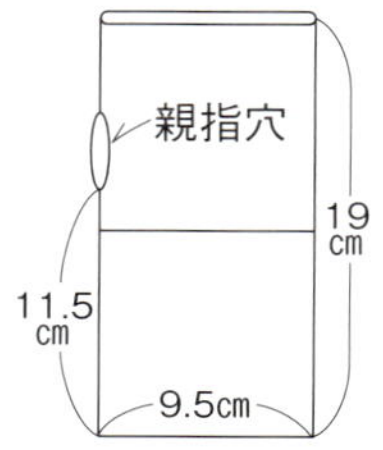

【中長編み3目の玉編みの編み方】

❶ 針に糸をかけ、矢印のように束《そく》にすくって(p.15参照)糸を引き出す。

❷ 未完成の中長編み1目が編めた。同様に針に糸をかけ、矢印のように同じ位置を束にすくい、糸をかけて引き出す。

❸ 未完成の中長編み2目が編めた。もう一度針に糸をかけて矢印のように束にすくい、糸をかけて引き出す。

❹ 未完成の中長編み3目が編めた。針に糸をかけて矢印のように一度に引き抜く。

❺ 中長3目の玉編みが編めた。

❻ 続けてくさり編みで編み進む。

【引き抜いた目に引き抜く】

※p.111で詳しく解説しています。

❶ 3枚めのモチーフはくさり2目編んだら、1と2枚めのモチーフをつないだ引き抜き編みの足2本にかぎ針を入れる。

❷ 針に糸をかけて引き抜く。

❸ 3枚めの角がつながったところ。続けて編み進む。

❹ 4枚めがつながったところ。つなぎ目が一カ所に集まって安定している。

Q & A

複数のモチーフをきれいにつなぎ合わせるときは？

1枚めと、2枚めのモチーフのつなぎ方はp.49の「引き抜き編みでつなぐ方法」を参照してつなぎます。
3枚めのモチーフは1枚めと2枚めのモチーフを「つないだ引き抜き編みの目」につなぎます。

1枚めの角に複数のモチーフを束にすくってつなぐと、つなぎ目が不安定で美しくありません。

くさりの目に針を入れると穴があいてしまいます。

6 モチーフをたくさんつなぎましょう

編み方に慣れたら、モチーフをたくさんつなげて作るマフラーやショールに挑戦！
枚数は少し多いけれど、色を組み合せながら楽しく編みましょう。

motif-11 丸モチーフのマフラー

丸モチーフをつなぐときは2列をずらしてつなぎ合わせれば、隙間ができずにきれいにつなげます。
スカラップのようなシルエットが可愛らしいデザインです。

デザイン…風工房
＊糸…ハマナカ アメリー
＊編み方…p.60

写真 58・59 ページ

motif-11 丸モチーフのマフラー

材料と用具

糸…ハマナカ アメリー(40g玉巻)
ブルーグリーン(12)25g
ネイビーブルー(17)22g
ナチュラルホワイト(20)7g
グラスグリーン(13)25g
インクブルー(16)22g
アイスブルー(10)7g
針…ハマナカアミアミ両かぎ針ラクラク　6/0号
モチーフの大きさ…直径10cm
でき上がりサイズ…図参照

編み方

糸は指定の配色で編みます。
モチーフはくさり編み5目を作り目して輪にし、図のように編みます。2枚めからは最終段で引き抜き編みでつなぎながら編みます。

モチーフの編み方記号図

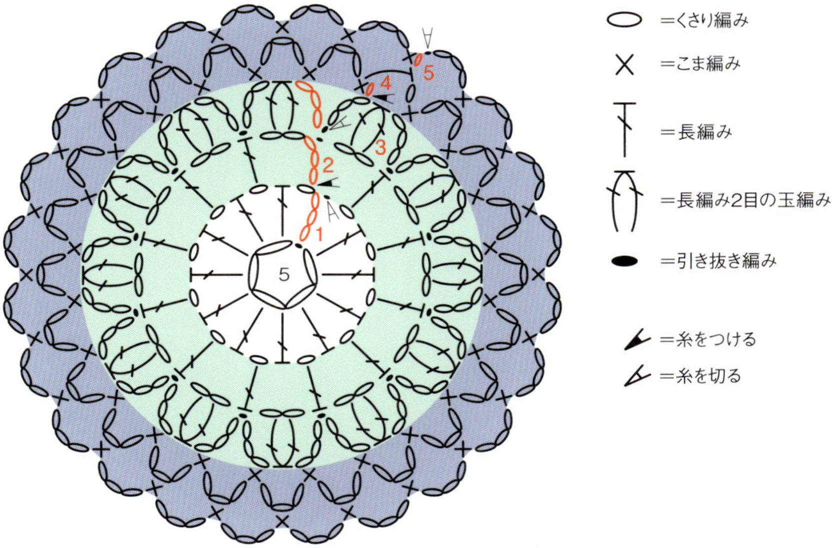

寸法配置図

(モチーフつなぎ)26枚

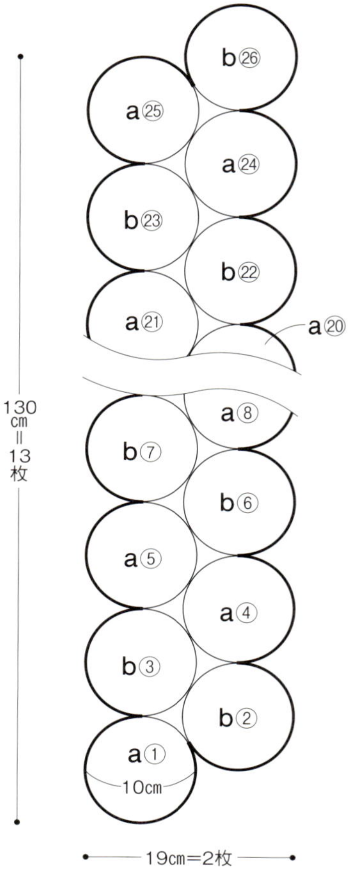

※○囲みの数字は
モチーフを編む順番

モチーフの配色と枚数

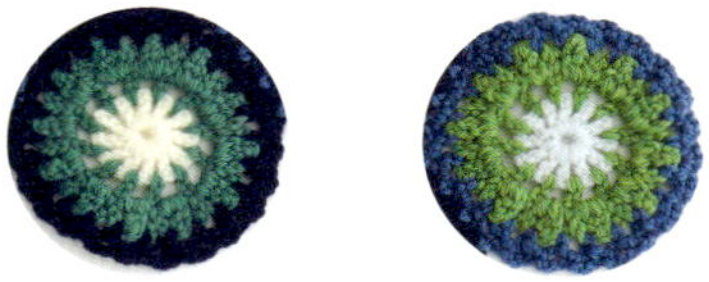

	a 13枚	b 13枚
4、5段め	ネイビーブルー	インクブルー
2、3段め	ブルーグリーン	グラスグリーン
1段め	ナチュラルホワイト	アイスブルー

モチーフのつなぎ方

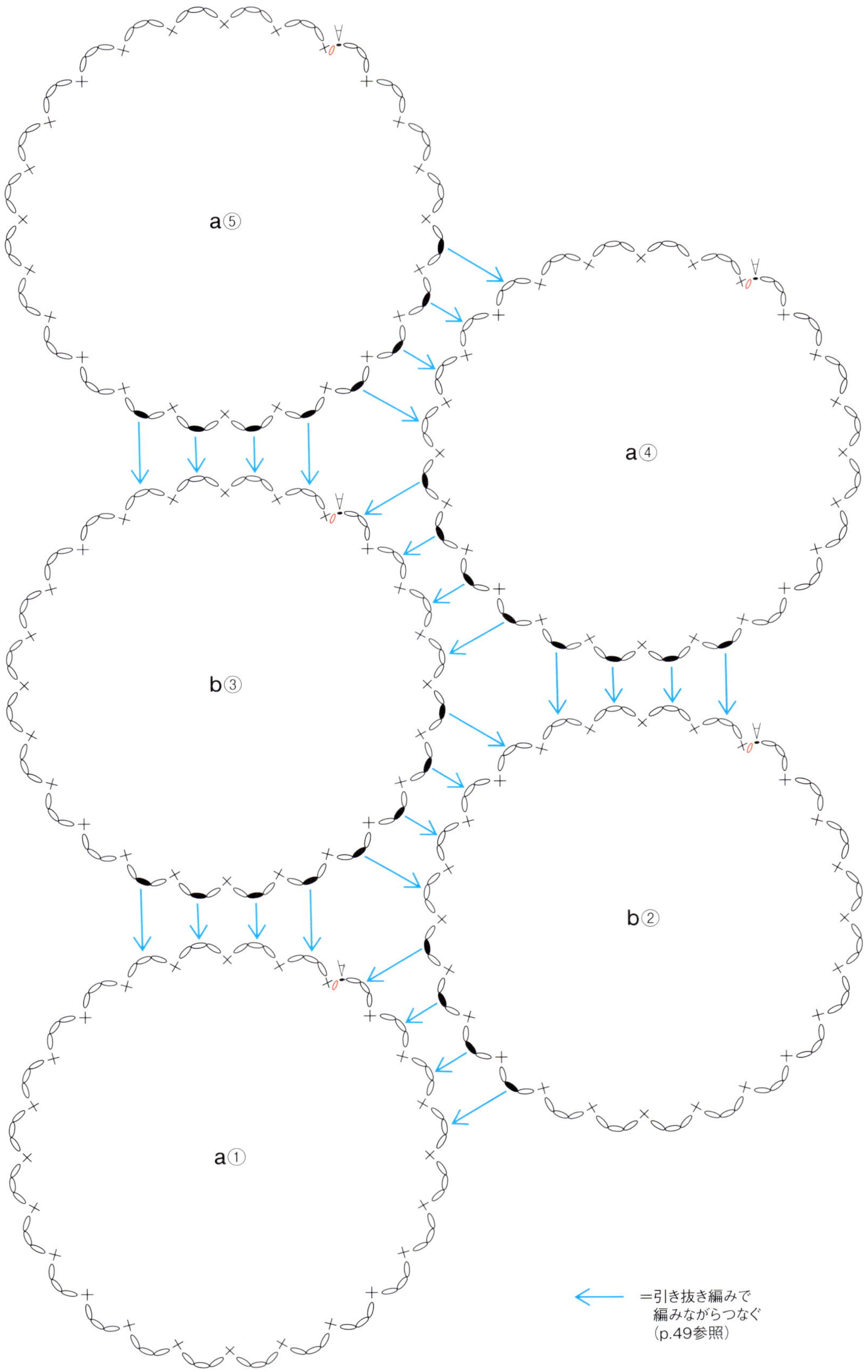
a⑤
a④
b③
b②
a①
＝引き抜き編みで
編みながらつなぐ
（p.49参照）

motif-12 ニットリング使いのショール

台形につないだショールはモチーフの中心にリングを使っています。
肌に優しいオーガニックコットンは一年中重宝する素材です。

デザイン…河合真弓　製作…石川君枝
＊糸…ハマナカ ポーム《無垢綿《ムクワタ》》ニット
＊編み方…p.66

motif-12 ニットリング使いのショール

p.62と同じモチーフを使ってふんわりと柔らかい雰囲気が魅力的なモヘア素材で編みました。
モヘア素材は毛足がある分ほどきにくいので編み間違いには気をつけて。

デザイン…河合真弓　製作…石川君枝
＊糸…ハマナカ アルパカモヘアフィーヌ
＊編み方…p.66

写真 62 ～ 65 ページ

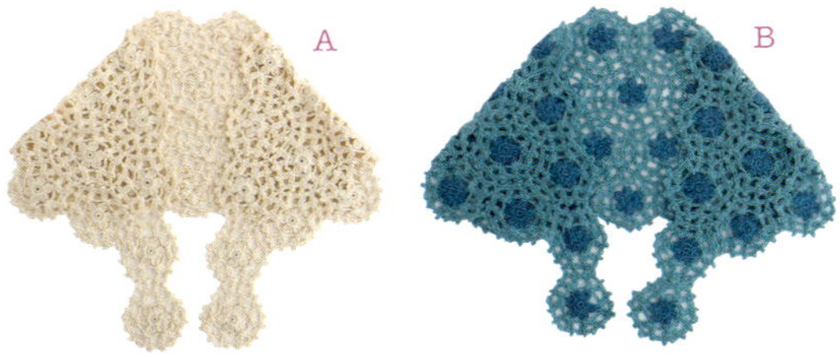

motif-12 ニットリング使いのショール

材料と用具

糸…Aハマナカ ポーム《無垢綿《ムクワタ》》ニット（25g玉巻）
生成り（21）120g
Bハマナカ アルパカモヘアフィーヌ（25g玉巻）
水色（7）55g　ブルー（8）15g
針…ハマナカアミアミ両かぎ針ラクラク
A5/0号　B4/0号
その他…ハマナカ ニットリング（8㎜）（H204-588-8）
34個
モチーフの大きさ…A／一辺が 4.6㎝の六角形
B／ 5.4㎝の六角形
でき上がりサイズ…図参照

編み方

糸はモチーフの1段めはニットリングに編みつけます。
A／2段めからは同色で図のように編み、2枚めからは最終段で引き抜き編みでつなぎながら編みます。
B／2段めからは指定の配色で編み、2枚めからは最終段で引き抜き編みでつなぎながら編みます。

モチーフの編み方記号図

Aモチーフの編み方

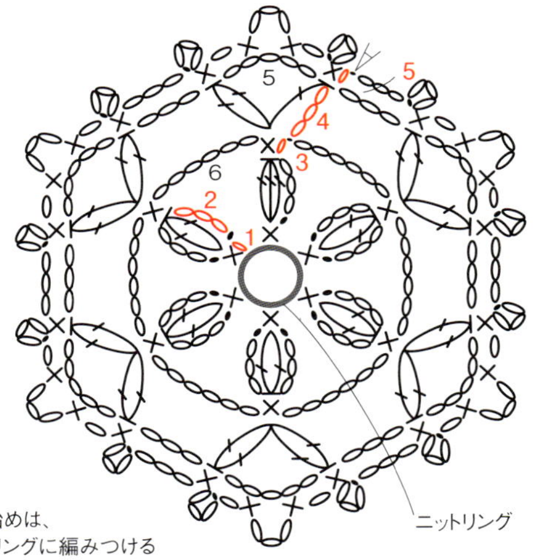

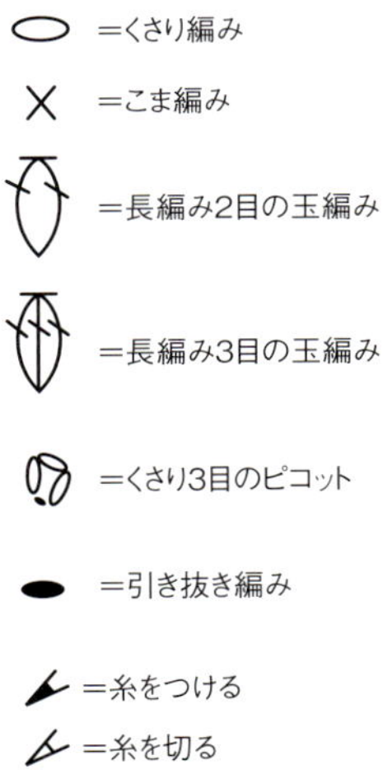

※編み始めは、
ニットリングに編みつける
（p.68参照）

※3段めの編み方はp.69参照

Bモチーフの編み方

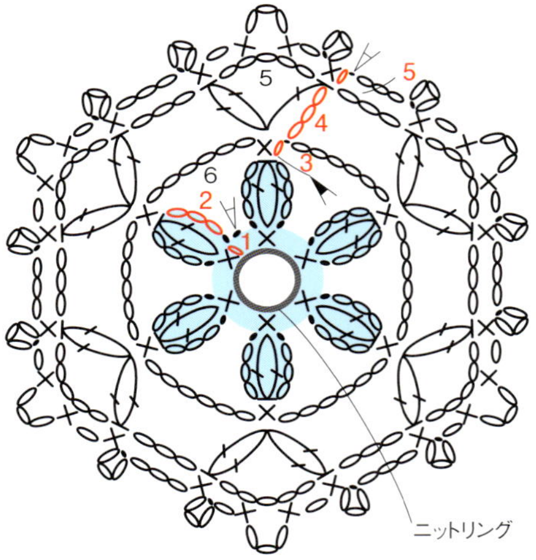

Bモチーフの配色

3～5段め	ブルー
1、2段め	水色

寸法配置図

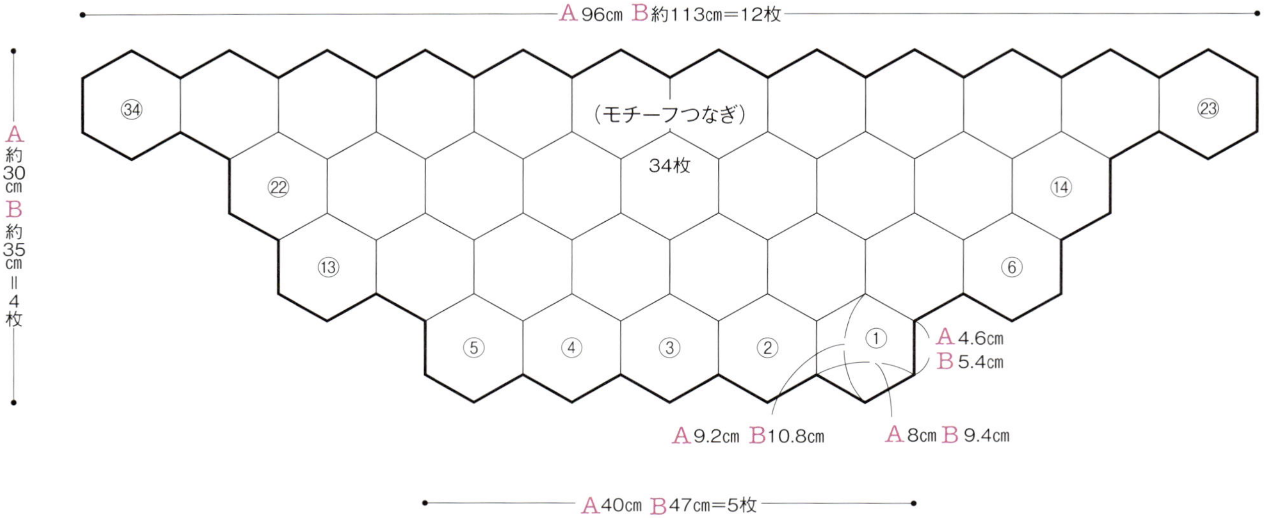

※○囲みの数字はモチーフを編む順番

モチーフのつなぎ方

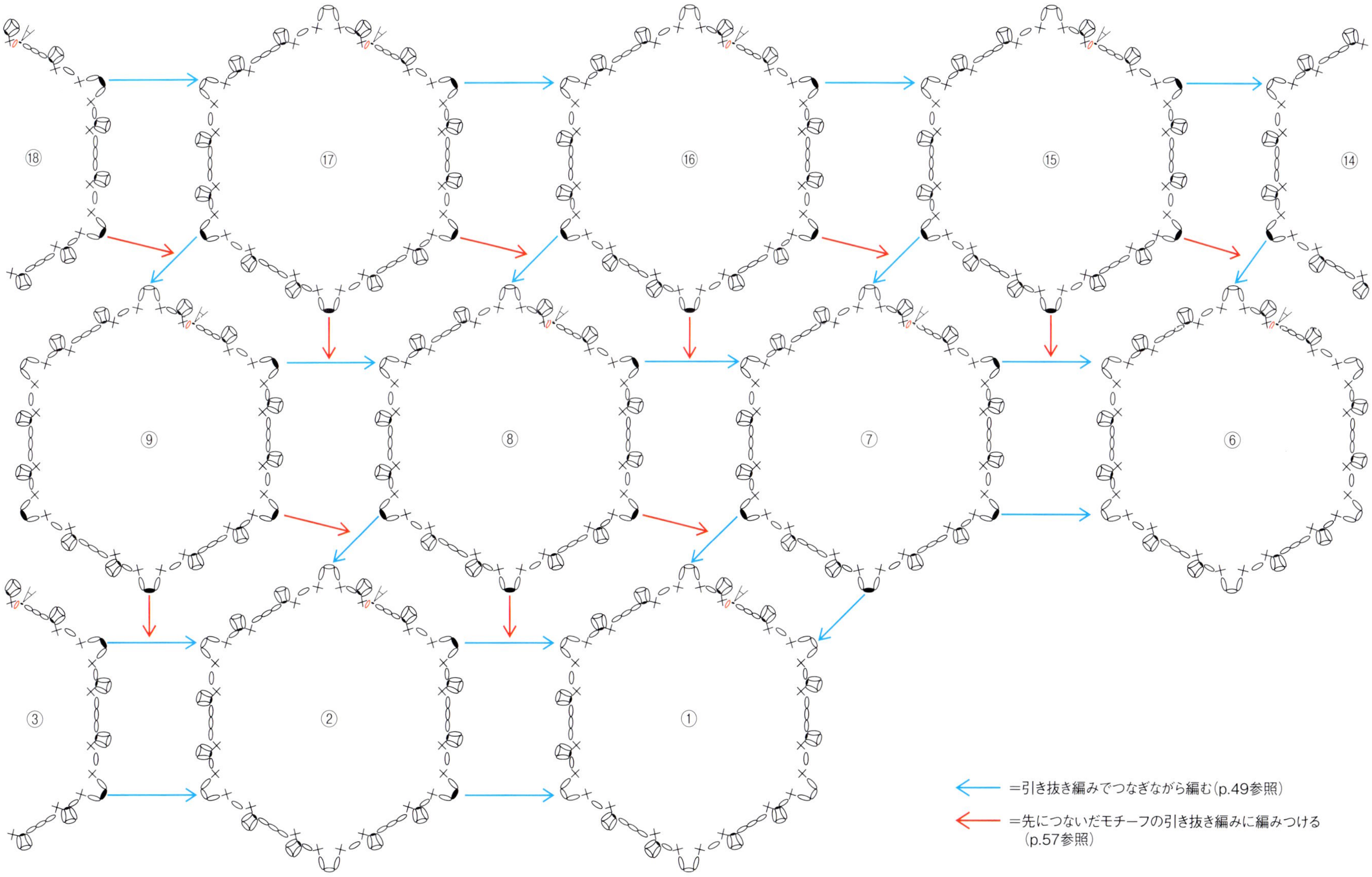

＝引き抜き編みでつなぎながら編む（p.49参照）

＝先につないだモチーフの引き抜き編みに編みつける（p.57参照）

advice

作り目にニットリングを使う

作り目はちょっと苦手、という方におすすめなのがこのニットリング。この作品で使っているのは直径８ミリで、柔らかいポリエチレン製です。輪に編みつけるだけだから初心者の方にもかんたんにきれいな丸い形が作れます。お洗濯もできるので、とっても便利です。ニット用のリングには同じポリエチレン製のサイズ違いの他、プラスティックの大きなリングも市販されています。用途に合わせて選びましょう。

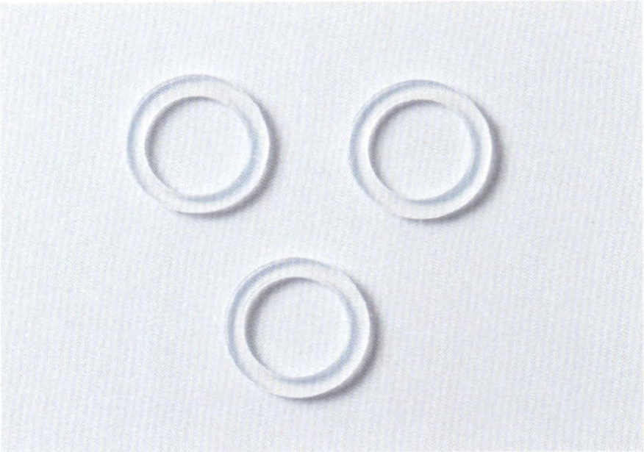

【ニットリングに編みつける方法】

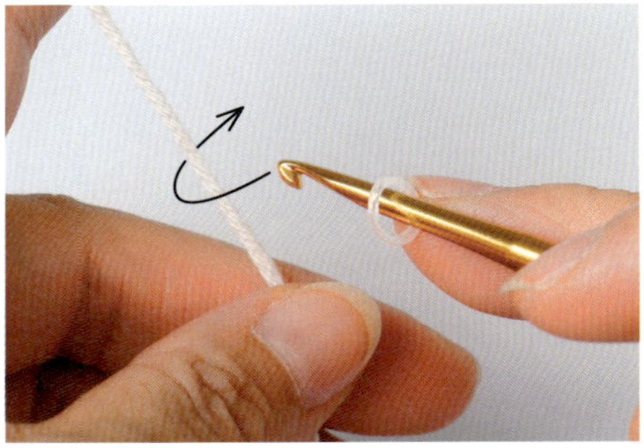

❶ 糸端を 15 センチくらい残してニットリングにかぎ針を入れ、糸をかけて輪の中から引き出す。

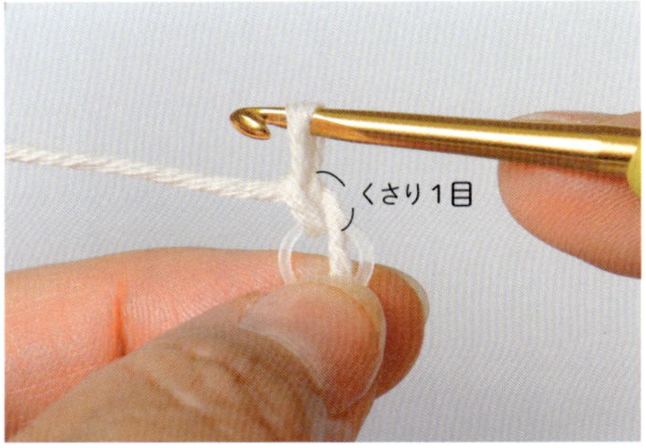

❷ 立ち上がりのくさり編み 1目編む。

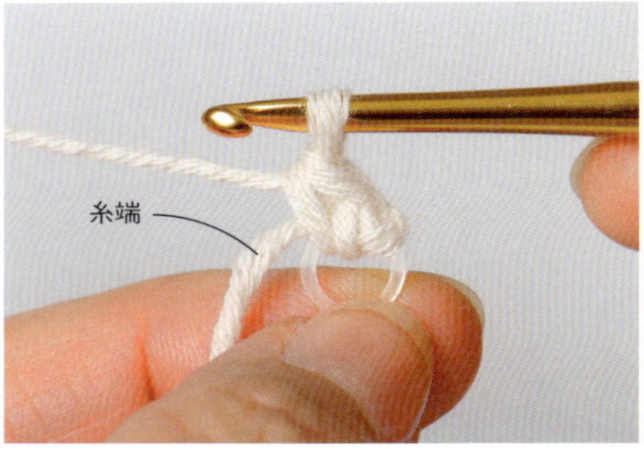

❸ 輪の中に針を入れ、こま編みを編む。糸端は配色糸の替え方の要領(p.28 参照)で編みくるむか、あとからとじ針で糸始末をする。

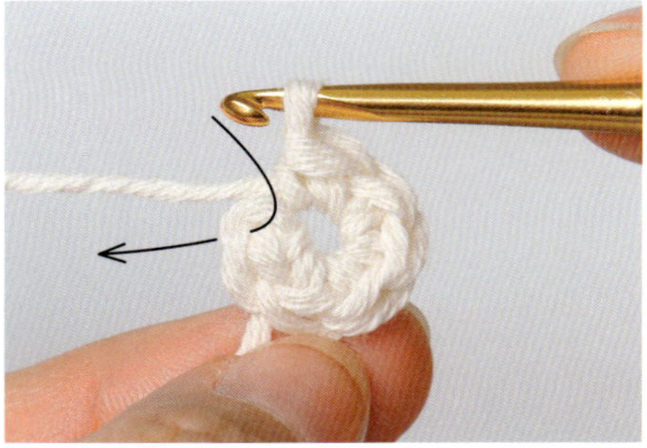

❹ 続けて編み進み、編み終りは 1目めのこま編みの頭に引き抜く。

❺ 1周して 1段めが編めた。中心はきれいな輪ができる。

【3段めに移るときの編み方】

❶ 2段めの編み終わりは、玉編みのあとのくさり編み3目分の代わりに未完成の長編みを1目多く編み、かぎ針に糸をかけて、矢印のように一度に引き抜く。

❷ 3段め。立ち上がりのくさり編み1目を編む。

❸ 2段めの玉編みの足(p.15参照)をすくい、糸をかけて一度に引き抜く。

❹ 糸をかけて矢印のように引き抜き、こま編みを編む。

❺ 3段めの立ち上がりのくさり目とこま編み1目が編めた。

point

玉編みの目から3段めに移るときの編み方

この作品のように玉編みの編み終わりから、次のくさり編みを編んでしまうと次の段の立ち上がりの目に続きません。
このような時は最後の玉編みの目数を調整して次の段に編み進みます。

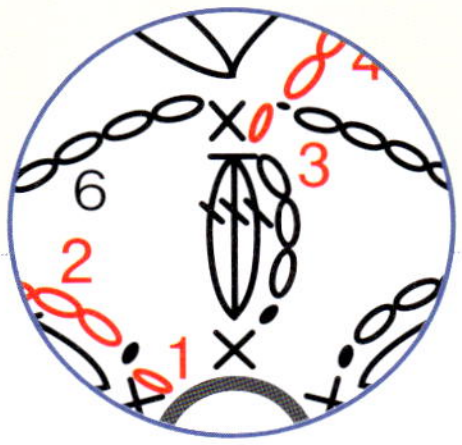

次の段の編み始めの位置は玉編みの頭をすくうのではなく、ピコットを編む要領ですくいます。
立ち上がりのくさり編み1目と、こま編みの次のくさり編みとの間がもたつくことなく、美しく編み上がります。
この操作は立ち上がりの最初の模様だけで、次のこま編みからは玉編みの頭をすくって編みます。

motif-13 六角モチーフのショール

六角形のモチーフをつなぎ合わせたショールは、秋口から春先にかけて重宝するデザインです。
枚数は少し多いけれど頑張って編みましょう。

デザイン…風工房
＊糸…ハマナカ エクシードウール FL《合太》
＊編み方…p.72

写真 70・71 ページ

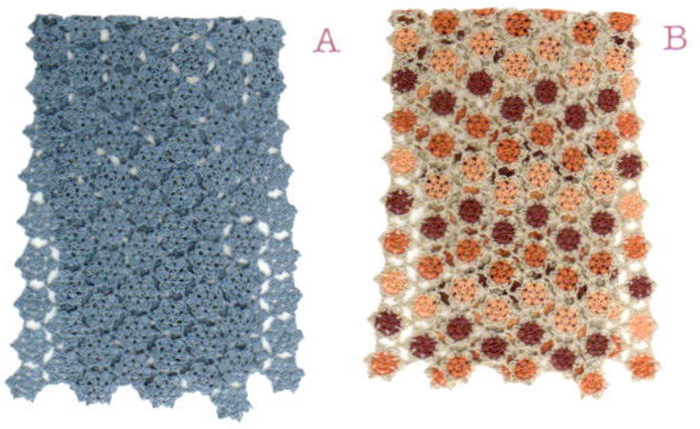

motif-13 六角モチーフのショール

材料と用具

糸…ハマナカ エクシードウールFL《合太》(40g玉巻)
Aブルーグレー(244)260g　Bサンドベージュ(231)150g
コーラルピンク(236)46g　ローズピンク(213)42g
サーモンピンク(208)42g
針…ハマナカアミアミ両かぎ針ラクラク　5/0号
モチーフの大きさ…一辺が4cmの六角形
でき上がりサイズ…幅44cm　長さ133cm

編み方

糸はAはブルーグレー、Bは指定の配色で編みます。
モチーフはくさり編み4目を作り目して輪にし、図のように編みます。2枚めからは最終段で引き抜き編みでつなぎながら編みます。

モチーフの配色と枚数

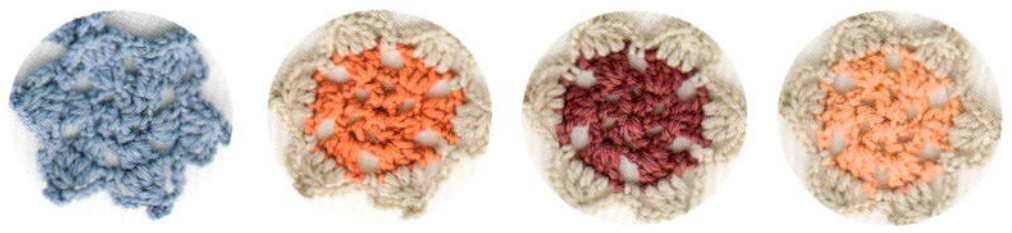

	A 130枚	B		
		a 46枚	b 42枚	c 42枚
3段め	ブルーグレー	サンドベージュ	サンドベージュ	サンドベージュ
1、2段め		コーラルピンク	ローズピンク	サーモンピンク

モチーフの編み方記号図

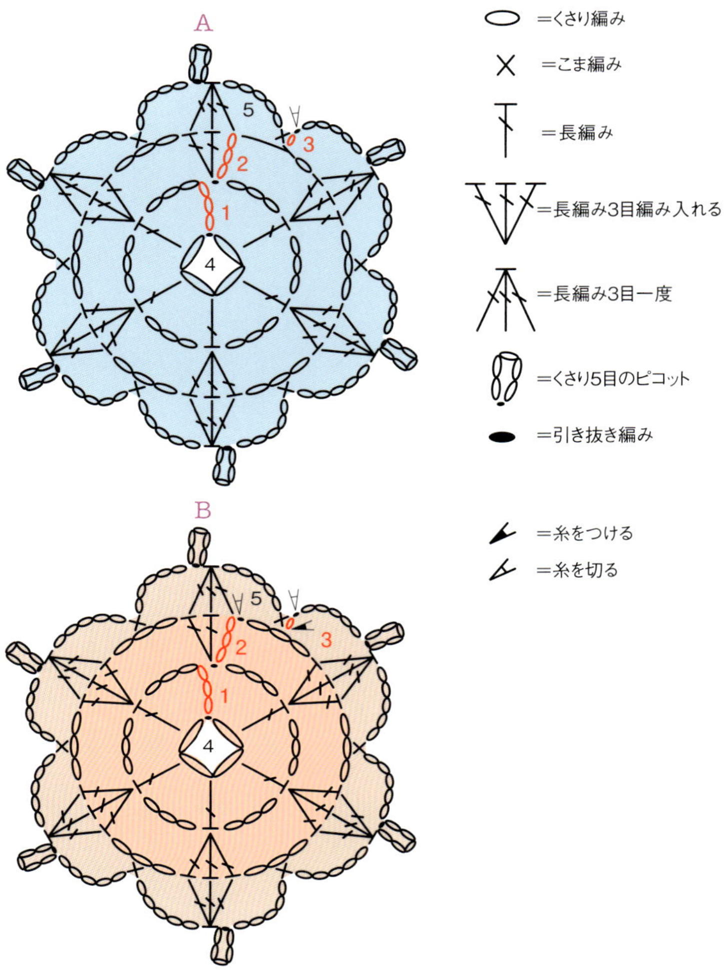

寸法配置図

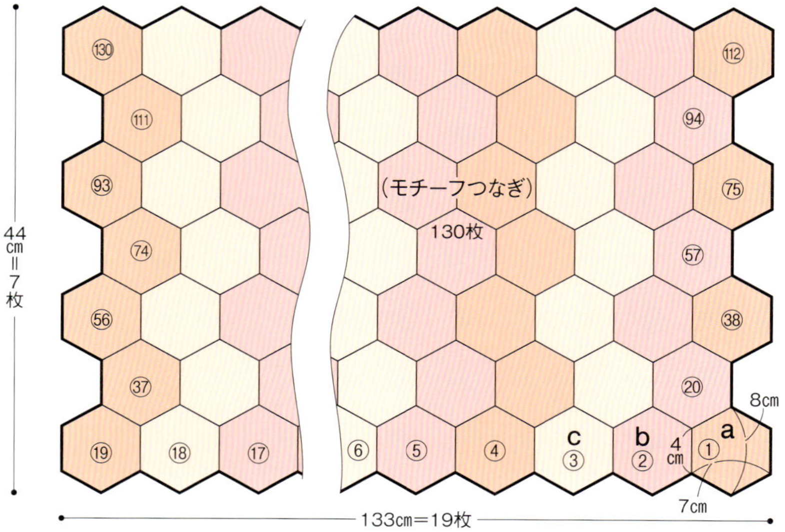

※○囲みの数字はモチーフを編む順番

Bモチーフのつなぎ方

※Aも同様につなぐ

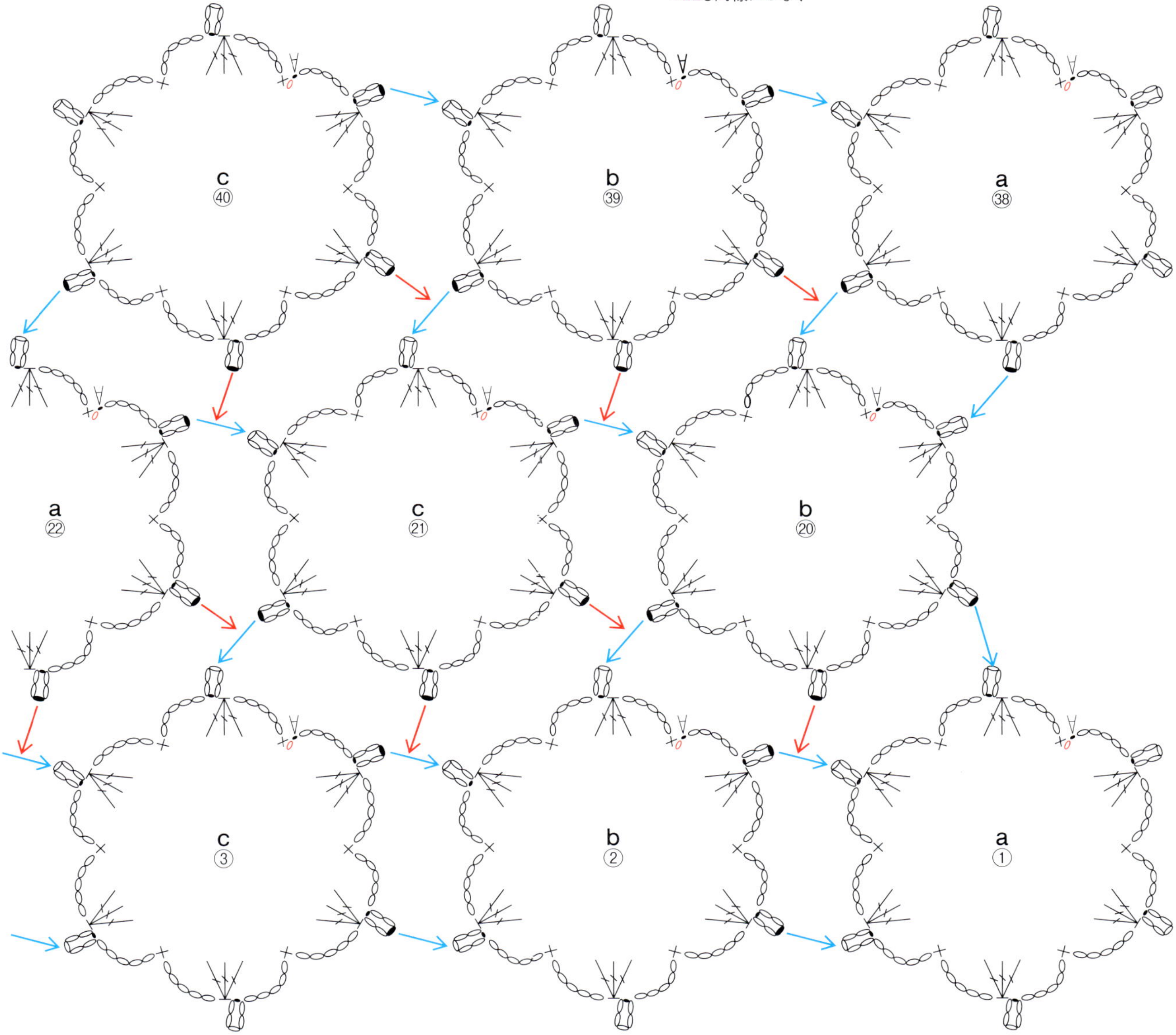

＝引き抜き編みでつなぎながら編む (p.49参照)

＝先につないだモチーフの引き抜き編みに
編みつける (p.57参照)

【長編み３目編み入れる】

❶ くさり３目で立ち上がり、かぎ針に糸かけ、矢印のようにすくって長編みを１目編む（長編みの編み方はp.13参照）。

❷ かぎ針に糸をかけ、矢印のように❶と同じ目にかぎ針を入れて長編みを編む。

❸ 同じ目に立ち上がりのくさり編みと長編み２目を編み入れたところ。続けて編むときは、同じ目に長編みを３目編む。

【長編み３目一度】

❶ 未完成の長編みを１目編む。

❷ 隣りの目に２目めの未完成の長編みを編む。

❸ さらに隣りの目に３目めの未完成の長編みを編む。

❹ かぎ針に糸をかけ、一度に全目を引き抜く。長編み３目一度が編めた。

【ピコットの編み方】

advice

ピコットって？

ピコットは丸く小さなドットのような模様ができる編み方で、縁編みなどによく使われます。くさりの目数によって、３目のピコットや５目のピコットがありますが、編み方の要領は同じです。ピコットにはこま編みなどの頭に編みつける方法とくさり編みに編みつける方法があります。ここでは編み目の頭に編みつける方法を紹介します。

長編み３目一度の頭にくさり５目のピコットを編みつける方法

p.72 の５段めのピコットの編み方

❶ くさり編み５目を編み、矢印のように長編み、３目一度の頭の半目と足の３本をすくう。

❷ かぎ針に糸をかけ、きつめに一度に引き抜く。

❸ ノットのようなくさりの輪ができる。

❹ 続けて編み進む。

こま編みにくさり３目のピコットを編みつける方法

p.66 の５段めのピコットの編み方

❶ くさり編み３目を編み、矢印のようにこま編みの頭の半目と足の１本をすくう。

❷ かぎ針に糸をかけ、きつめに一度に引き抜く。

❸ くさり３目のピコットが編めた。

motif-14 大人用 花モチーフのマフラー

立体の花モチーフが愛らしいマフラーは、
パプコーン編みという模様です。
色を替えたり、素材を替えたり、好きな素材を選んで編みましょう。

デザイン…岡本啓子　製作…清野香奈恵
＊糸…ハマナカ エクシードウール L《並太》
＊編み方…p.79

motif-14 子ども用 花モチーフのマフラー

モチーフの枚数は同じですが、大人ものより少し細い糸を使って
キッズサイズを作りました。親子ペアにしても素敵です。

デザイン…岡本啓子　製作…清野香奈恵
＊糸…ハマナカ 純毛中細
＊編み方…p.79

motif-14 大人用 花モチーフのマフラー

ボリュームの出る太めの糸は枚数を減らしてピンで前を留めて使います。
ツィード素材の糸は表面にニュアンスを添えて、大人の雰囲気が楽しめます。

デザイン…岡本啓子　製作…清野香奈恵
＊糸…ハマナカ アランツィード
＊編み方…p.79

写真 76～78 ページ

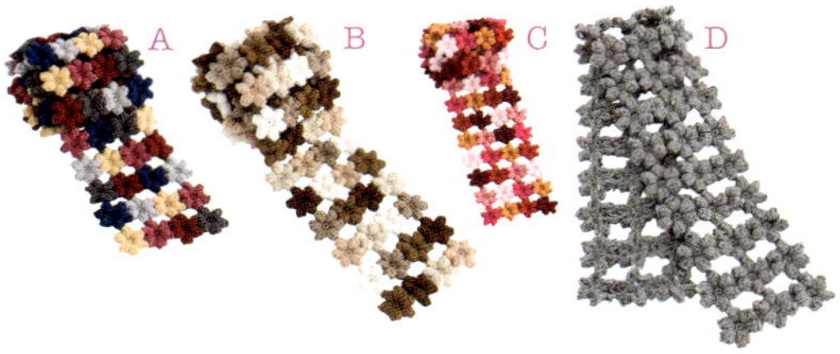

motif-14 花モチーフのマフラー

材料と用具

糸…A、Bハマナカ エクシードウールL《並太》(40g玉巻)
Aえんじ(310)、黄色(316)青(324)、グレー(327)、チャコールグレー(328)、ローズピンク(336)各35g
Bホワイト(301)、クリームベージュ(302)、ピンクベージュ(303)、サンドベージュ(304)、こげ茶(305)、茶色(333)各35g
Cハマナカ 純毛中細(40g玉巻)マゼンタピンク(9)、赤(10)、ワイン(11)、淡ピンク(14)、ピンク(36)、れんが色(38)各10g
Dアランツィード(40g玉巻)グレー(3)130g
針…ハマナカアミアミ両かぎ針ラクラク
A、B6/0号　C3/0号　D8/0号
モチーフの大きさ…A、B一辺が2cm
C一辺が1.5cm　D一辺が2.5cmの六角形
でき上がりサイズ…A、B14cm×108cm
C10cm×81cm　D16cm×90cm

編み方

糸はA、B、Cは指定の配色でDはグレーで編みます。
モチーフは糸端を輪にする方法で作り目をして図のように編みます。2枚めからは最終段で引き抜き編みでつなぎながら編みます。

※モチーフのつなぎ方は81ページ

モチーフの色と枚数

	A	B	C	枚数	D
a	チャコールグレー	ピンクベージュ	ワイン	18枚	グレー 54枚
b	えんじ	クリームベージュ	赤	18枚	
c	ローズピンク	こげ茶	れんが色	18枚	
d	黄色	茶色	マゼンタピンク	18枚	
e	グレー	サンドベージュ	淡ピンク	18枚	
f	青	ホワイト	ピンク	18枚	

モチーフの編み方記号図

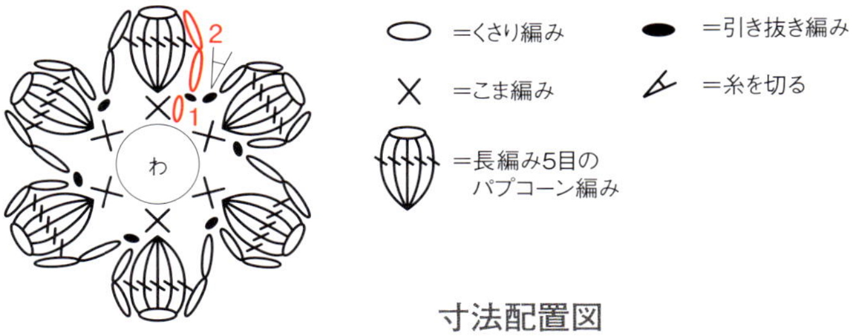

寸法配置図

(モチーフつなぎ) A、B、C108枚 D54枚

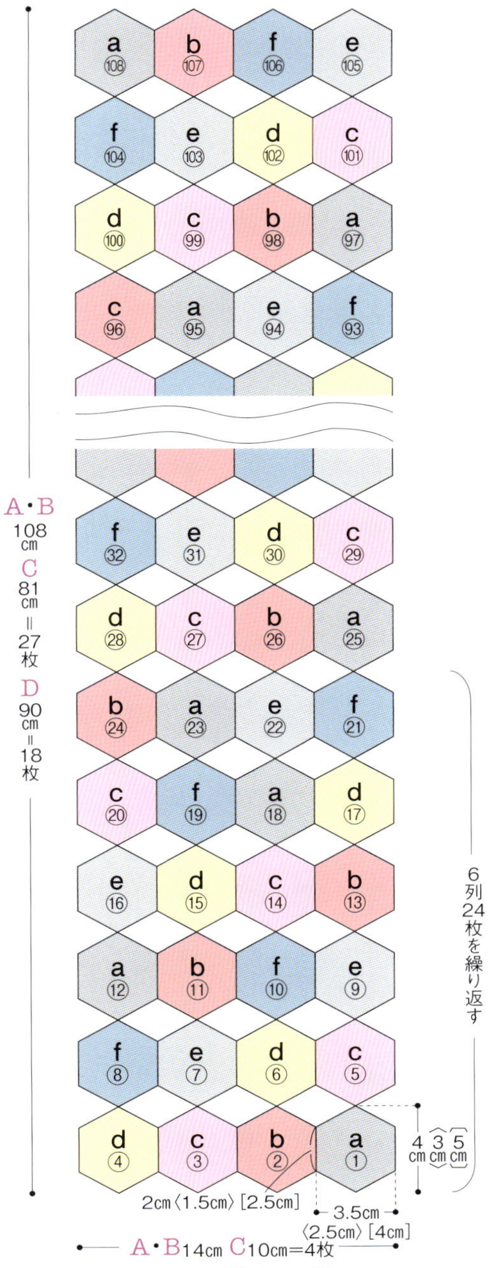

※◯囲みの数字はモチーフを編む順番
※指定以外はA・B、〈 〉＝C、[ ]＝D

【長編み５目のパプコーン編み】

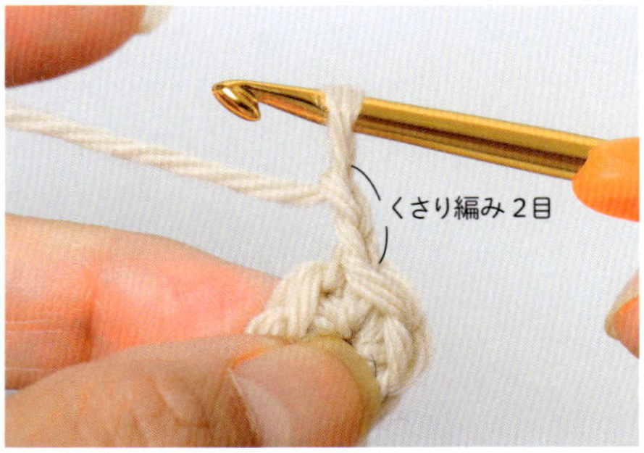

❶ くさり編み２目を編む。

❷ かぎ針に糸をかけて矢印のように入れ、同じ目に長編みを５目編み入れる。

❸ 長編み５目が編めた。

❹ 一度かぎ針を目から抜き、1目めから入れ直し、矢印のように目に入れる。

❺ 矢印のように引き出す。

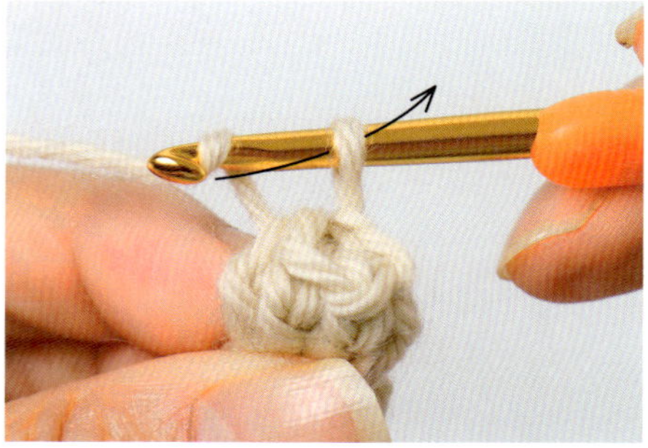

❻ くさり編みを１目編む。

❼ 長編み５目のパプコーン編みが編めた。最後のくさり編みがパプコーン編みの頭になる。

❽ 続けて編み進む。

※79ページの続き

モチーフのつなぎ方

← =引き抜き編みで編みながらつなぐ
（p.49参照）

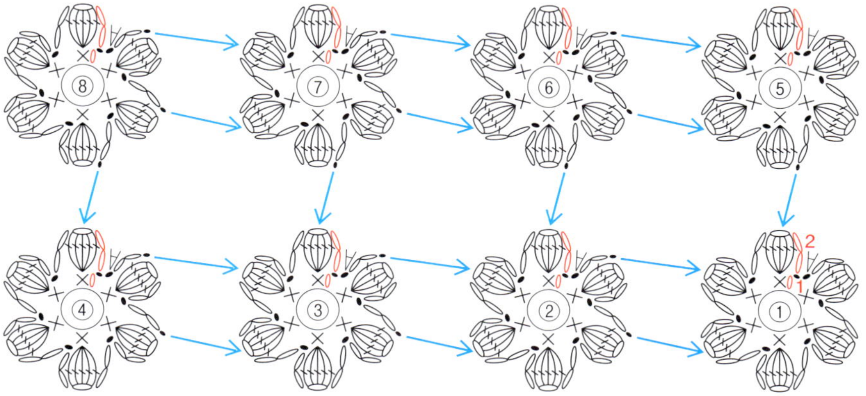

【パプコーン編みのモチーフのつなぎ方】

❶ 1枚めのモチーフのパプコーン編みの頭にかぎ針を矢印のように入れてすくう。

❷ 糸をかけて矢印のように引き抜く。

❸ 1枚めと編みつながったところ。

❹ 続けて編み進み、次のパプコーン編みも❶と同様に針を入れて引き抜く。

❺ 2か所で引き抜いてモチーフがつながったところ。

❻ 1段めがつながったら、配置図を参照して2段め以降も編みつなぐ。

motif-15 かごカバー

まるでお花畑のようなきれいな色を組み合せた立体のモチーフつなぎは、
かごにかけてインテリアにしたり、たくさん編みつないでひざかけにもアレンジできます。

デザイン…遠藤ひろみ
＊糸…ハマナカ フェアレディー 50
＊編み方…p.84

写真 82・83 ページ

motif-15 かごカバー

材料と用具

糸…ハマナカ フェアレディー 50（40ｇ玉巻）
オフホワイト（2）28ｇ　黄緑（56）、赤（101）、
サーモンピンク（51）、からし色（98）各20ｇ
ベージュ（52）15ｇ　水色（55）、グリーン（89）各10ｇ
針…ハマナカアミアミ両かぎ針ラクラク6/0号
モチーフの大きさ…直径7㎝
でき上がりサイズ…図参照

編み方

糸は指定の配色で編みます。
モチーフa～fは、それぞれくさり編み7目を作り目して輪にし、図のように編みます。2枚めからは最終段で引き抜き編みでつなぎながら編みます。

モチーフの編み方記号図

＝くさり編み
＝こま編み
＝中長編み3目の玉編み
＝引き抜き編み
＝引き抜き編みで編みながらつなぐ（p.49参照）
＝糸をつける
＝糸を切る

モチーフの配色と枚数

	a 6枚	b 6枚	c 6枚	d 7枚	e 6枚	f 6枚
4段め	サーモンピンク	黄緑	オフホワイト	ベージュ	赤	からし色
3段め	赤	オフホワイト	からし色	水色	ベージュ	水色
2段め	オフホワイト	赤	黄緑	オフホワイト	グリーン	オフホワイト
1段め	黄緑	からし色	サーモンピンク	黄緑	水色	グリーン

モチーフのつなぎ方

寸法配置図

（モチーフつなぎ）37枚

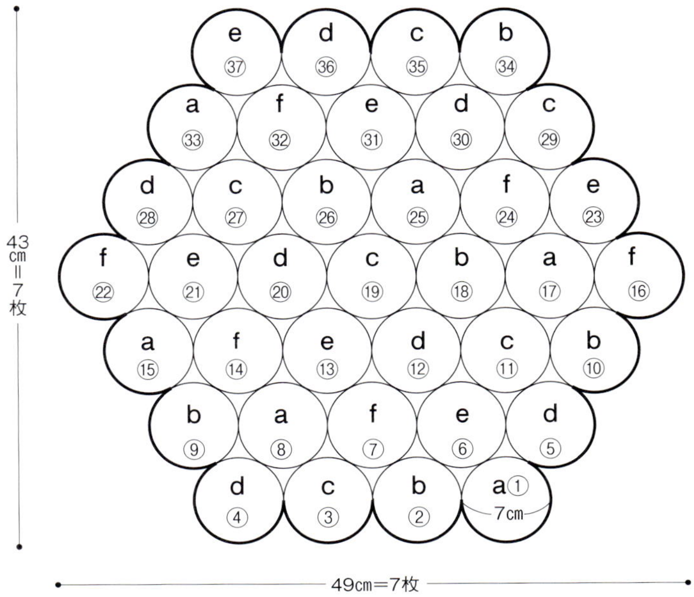

※○囲みの数字はモチーフを編む順番

7 巻きかがりでつないでみましょう

モチーフのつなぎ方には、先にたくさん編みためて、あとからつなぐ方法があります。
このつなぎ方なら多色使いのモチーフも、好きな位置に並べてバランスを見てからつなぐことができます。

motif-16 ミニクッション

ころんとしたフォルムが愛らしいミニクッションです。
ちょうど良いサイズのヌードクッションがみつからないときは
大きめのサイズの中綿を少し抜いて調整しましょう。

デザイン…岡本啓子　製作…佐伯寿賀子
＊糸…ハマナカ アメリー
＊編み方…p.88

写真 86・87 ページ

motif-16 ミニクッション

材料と用具

糸…ハマナカ アメリー（40g玉巻）
A クリムゾンレッド（5）65g
ネイビーブルー（17）35g　ベージュ（21）15g
B ネイビーブルー（17）65g
ナチュラルホワイト（20）35g　グレー（22）15g
針…ハマナカアミアミ両かぎ針ラクラク5/0号
その他…30cm角のヌードクッション　1個
モチーフの大きさ…7.5cm角
でき上がりサイズ…30cm角

編み方

糸は指定の配色で編みます。
モチーフは糸端を輪にする方法で作り目をして指定の枚数を図のように編みます。16枚を配置図のように配置し、半目の巻きかがりでとじ合わせます。同じものをもう1枚作ります。2枚を外表に合わせ、途中でクッションを入れながら半目の巻きかがりでとじ合わせます。

モチーフの編み方記号図

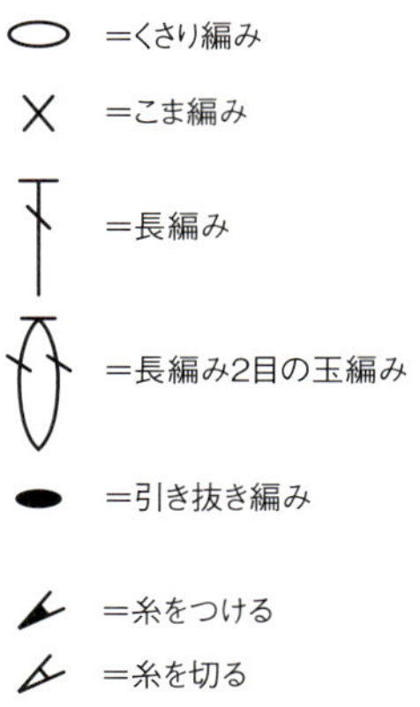

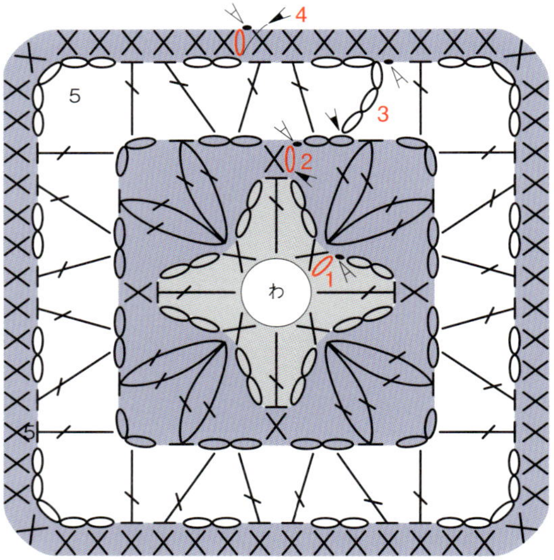

半目の巻きかがり糸　A　クリムゾンレッド
B　ネイビーブルー

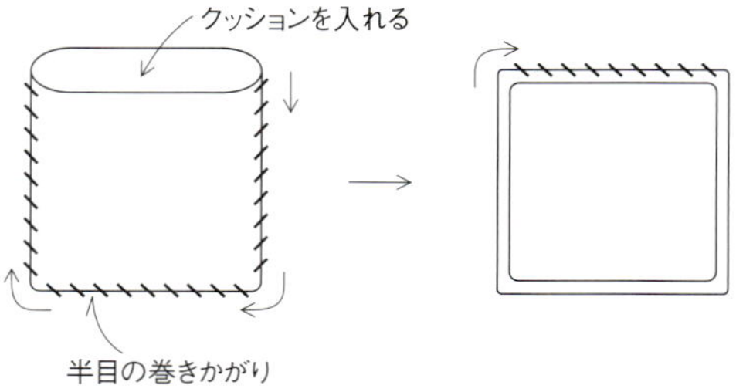

寸法配置図

（モチーフつなぎ）16枚×2枚

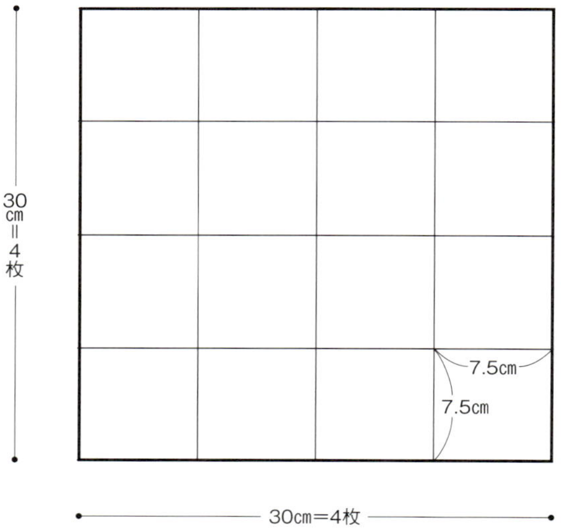

モチーフの配色

	A	B
4段め	クリムゾンレッド	ネイビーブルー
3段め	ネイビーブルー	ナチュラルホワイト
2段め	クリムゾンレッド	ネイビーブルー
1段め	ベージュ	グレー

【半目の巻きかがりでつなぐ方法】

※ここではわかりやすいようにつなぐ糸の色を替えて解説しています。

1 糸端を15cmくらい残してモチーフの角を裏側からすくい、糸を結ぶ。

2 2枚のモチーフを並べて角のくさり編み目の糸1本ずつをすくう。

3 向き合った目の内側の1本を交互にすくって糸を引く。

4 次のモチーフに移るときは糸を斜めに渡す。

point

巻きかがるときは、よこ、またはたての一方方向を先に全てつなぎ、交点の重なり部分が同じ向きになるようにかがります。

5 上下に4枚のモチーフがつながったところ。続けてよこを巻きかがる。

point

表に出るかがり糸が同じ長さになるように、引き具合を調整することがきれいに仕上るポイント。

6 同じ要領でたて方向を巻きかがる。

NG

糸がつれて目が揃っていない。
糸の引き過ぎに注意する。

7 角はよこ糸とクロスする。

motif-16 バッグ

p.86のミニクッションと同じモチーフの編み方ですが、
モール素材とつなぎ方を替えることで、
全く違ったデザインになりました。

デザイン…岡本啓子　製作…佐伯寿賀子
＊糸…ハマナカ ルナモール
＊編み方…p.91

写真 90 ページ

motif-16 バッグ

材料と用具

糸…ハマナカ ルナモール(50g玉巻) オリーブグリーン(7) 130g　パープル(6)75g　ベージュ(1)25g

針…ハマナカアミアミ両かぎ針ラクラク　7/0号

モチーフの大きさ…9.5cm角

でき上がりサイズ…39cm×33.5cm(持ち手を除く)

編み方

糸は指定の配色で編みます。

モチーフは糸端を輪にする方法で作り目をして図のように24枚編みます。モチーフを配置図のように配置し、半目の巻きかがり(p.89参照)でとじ合わせます。モチーフから拾い目をして入れ口側にこま編みを編みます。持ち手はくさり編み5目を作り目して指定の配色でこま編みで編みます。持ち手をモチーフの3段めの持ち手つけ位置にさし込み、とじつけます。

モチーフの編み方記号図

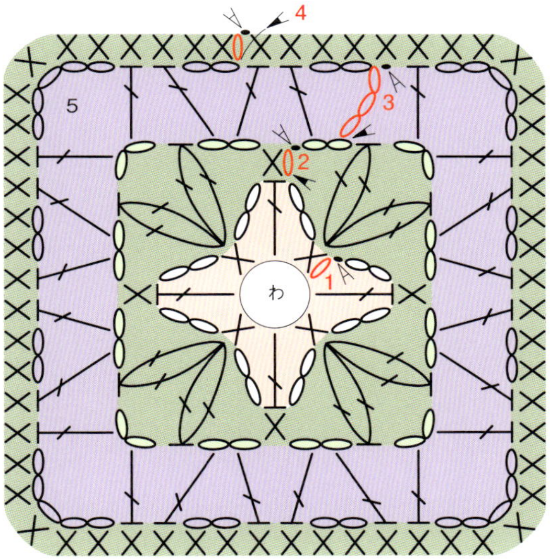

モチーフの配色

4段め	オリーブグリーン
3段め	パープル
2段め	オリーブグリーン
1段め	ベージュ

寸法配置図

(モチーフつなぎ) 24枚

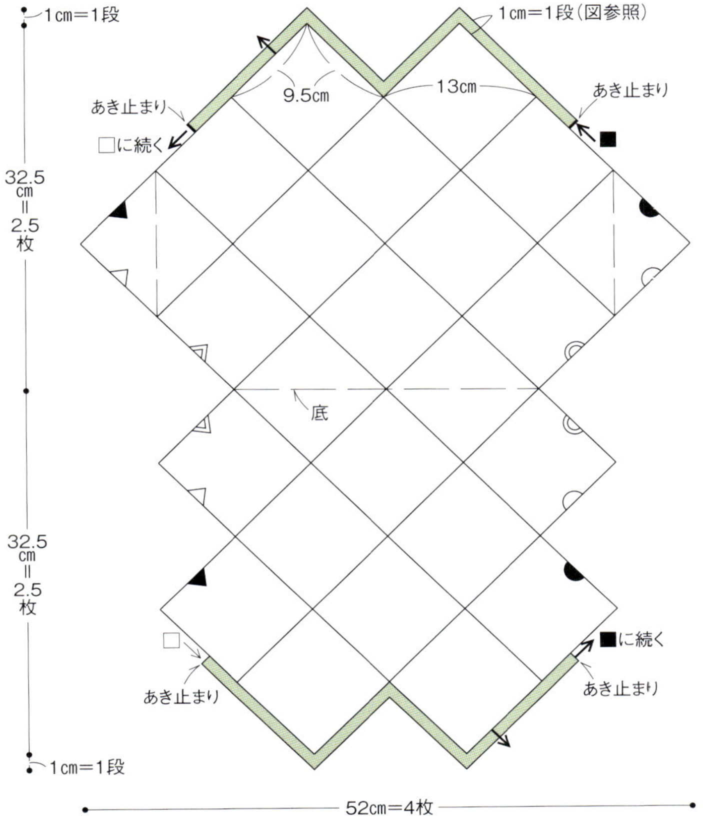

※合印を合わせ半目の巻きかがり(p.89参照)でつなぐ

持ち手

(こま編み) 2本

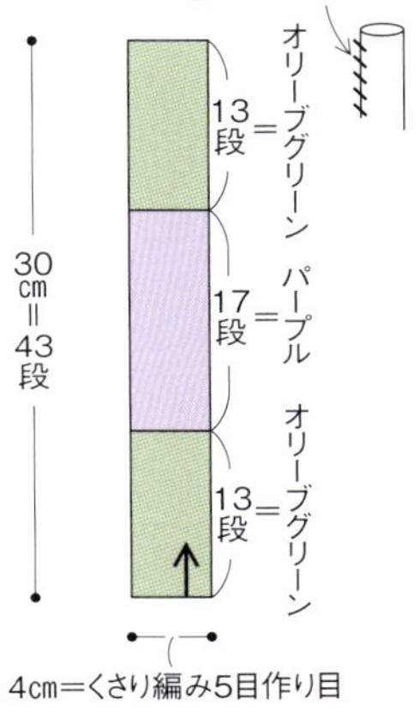

持ち手の編み方記号図

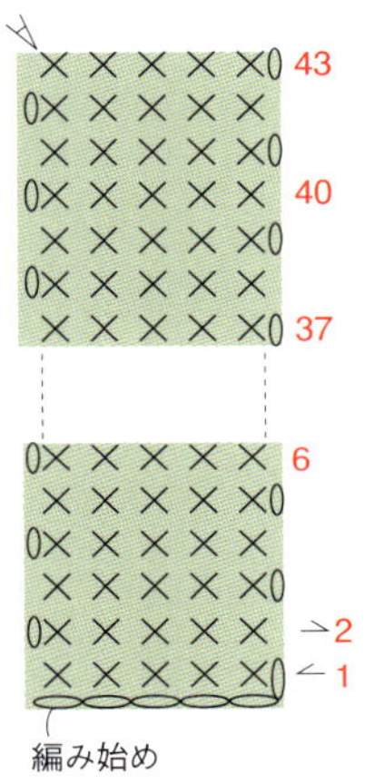

モチーフのつなぎ方と縁編みの編み方記号図

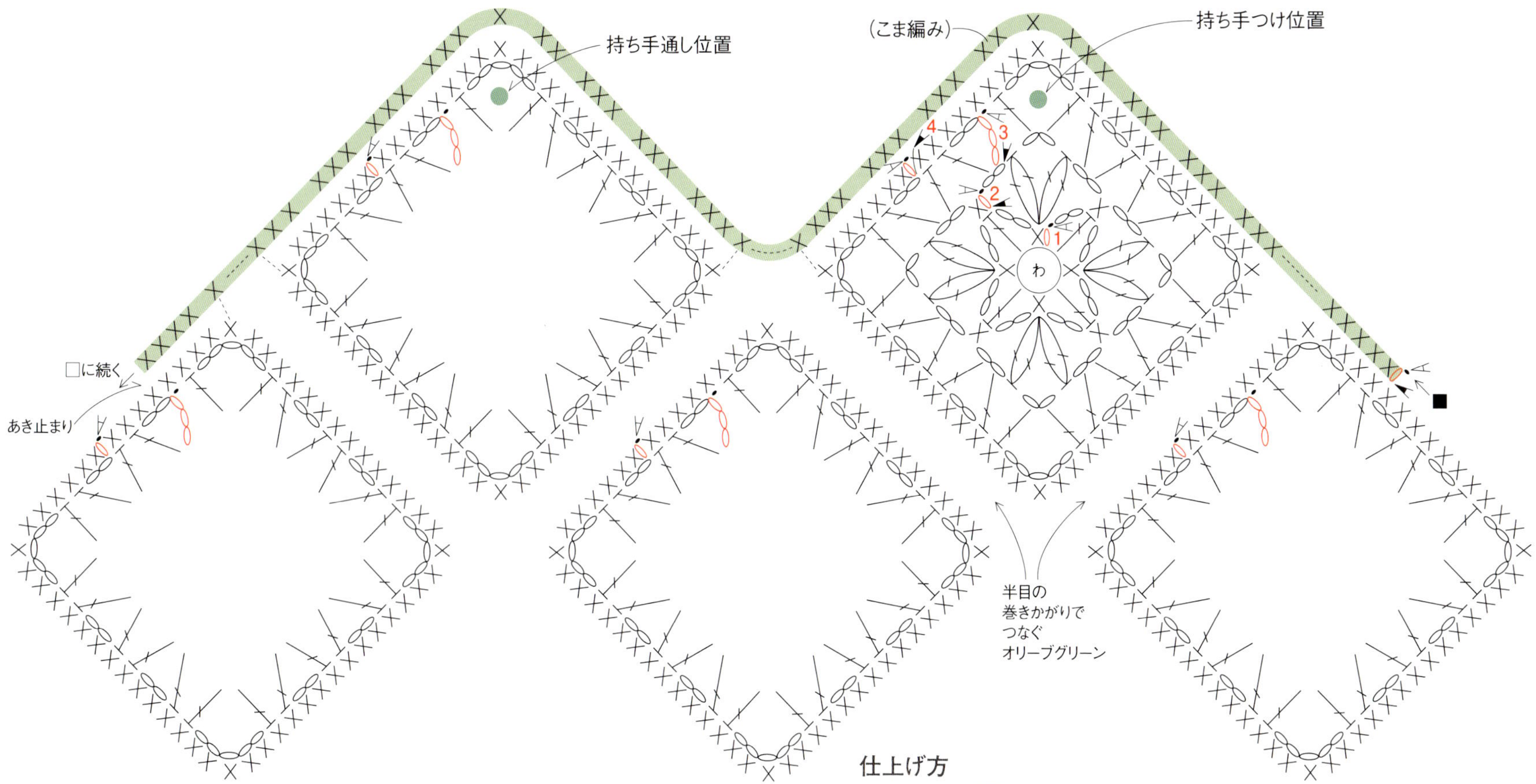

仕上げ方

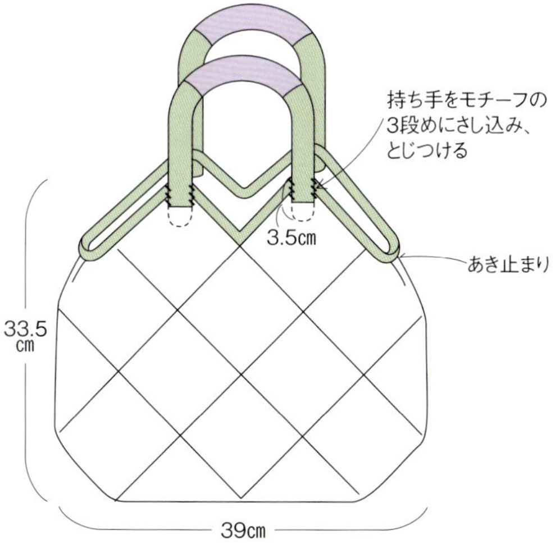

【バッグの縁編みの編み方】 ※ここではわかりやすいように糸をグレーに替えて解説します。

❶ あき止まり位置に糸をつけて立ち上がりのくさり編み1目を編む。

❷ こま編みを1目編む。

❸ 巻きかがりの位置まで全目(5目)こま編みを編む。矢印の位置に針を入れ、隣りのモチーフにこま編みを編む。

❹ こま編み1目が編めた。あと2目こま編みを編む。

❺ こま編み3目が編めたら、1目とばして矢印のように針を入れ、こま編みを3目編む。

❻ ❺を繰り返し、角まで編み進む。

❼ 角は全目すくってこま編みを編む。

❽ 谷の部分も全目拾ってこま編みを編む。

❾ 入れ口の片面の縁編みが編めたところ。続けて裏側も同様に編む。

motif-17 ひざかけ

多色使いのひざかけは、最終段をチョコレートブラウンで縁取りし、
巻きかがりでつなぎ合わせます。
赤い糸のステッチがアクセントになっています。

デザイン…風工房
＊糸…ハマナカ アメリー
＊編み方…p.96

写真 94・95 ページ

motif-17 ひざかけ

材料と用具

糸…ハマナカ アメリー（40g玉巻）チョコレートブラウン(9)53g　キャメル(8)29g　グラスグリーン(13)27g　オレンジ(4)、ベージュ(21)、バタークリーム(2)、マスタードイエロー(3)各21g　ワイン(19)、15g　グレー(22)、クリムゾンレッド(5)各14g　アイスブルー(10)8g　ピンク(7)、ブルーグリーン(12)、アクアブルー(11)各7g
針…ハマナカアミアミ両かぎ針ラクラク6/0号
モチーフの大きさ…9㎝角
でき上がりサイズ…90㎝×45㎝

編み方

糸は指定の配色で編みます。
モチーフ a～j はそれぞれくさり編み5目を作り目して図のように編みます。
配色図のように並べて、クリムゾンレッドの糸でたて方向を半目の巻きかがり(p.89参照)でとじ合わせます。よこ方向も同様にとじ合わせます。

モチーフの編み方記号図

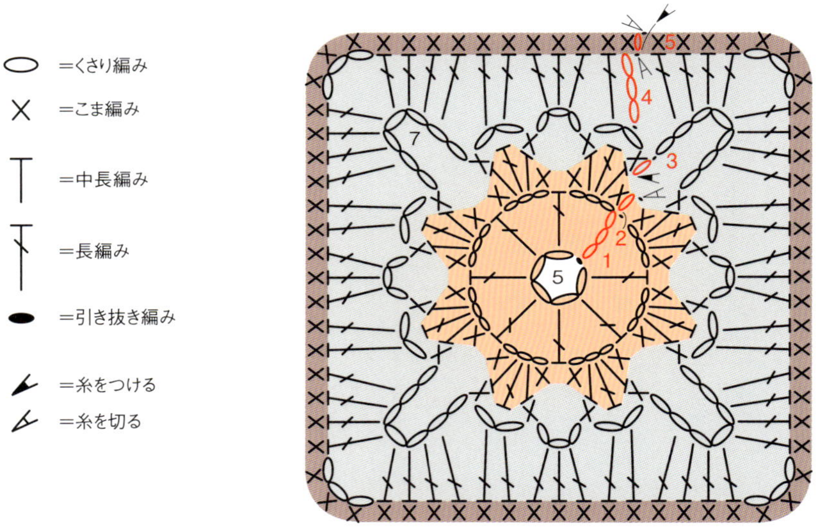

モチーフの配色と枚数

	a 5枚	b 5枚	c 5枚	d 5枚	e 5枚	f 5枚
5段め	チョコレートブラウン	チョコレートブラウン	チョコレートブラウン	チョコレートブラウン	チョコレートブラウン	チョコレートブラウン
3、4段め	グレー	ワイン	バタークリーム	キャメル	ベージュ	マスタードイエロー
1、2段め	オレンジ	ベージュ	グラスグリーン	ピンク	クリムゾンレッド	ブルーグリーン

寸法配置図

（モチーフつなぎ）50枚

1.たて方向をクリムゾンレッドで半目の巻きかがりでかがる

2.よこ方向をクリムゾンレッドで半目の巻きかがりでかがる（p.89参照）

45cm＝5枚

b ㊿	a	j	i	h	g	f	e	d	c ㊶
d ㊵	c	b	a	j	i	h	g	f	e ㉛
f ㉚	e	d	c	b	a	j	i	h	g ㉑
h ⑳	g	f	e	d	c	b	a	j	i ⑪
j ⑩	i ⑨	h ⑧	g ⑦	f ⑥	e ⑤	d ④	c ③	b ②	a ①

9cm（モチーフ1枚のたて）

9cm（モチーフ1枚のよこ）

90cm＝10枚

※○囲みの数字はモチーフを編む順番

g 5枚	h 5枚	i 5枚	j 5枚
チョコレートブラウン	チョコレートブラウン	チョコレートブラウン	チョコレートブラウン
キャメル	オレンジ	ワイン	グラスグリーン
アクアブルー	バタークリーム	マスタードイエロー	アイスブルー

motif-18 なべ敷き

北欧カラーの組合わせがテーブルの上に映えるデザインです。
すじ編みのラインがモチーフの輪郭を引きしめています。

デザイン…河合真弓　製作…遠藤陽子
＊糸…ハマナカ コマコマ
＊編み方…p.99

写真 98 ページ

motif-18 **なべ敷き**

材料と用具

糸…ハマナカ コママコ(40g玉巻)ブルー(5)、黄色(3)各37g　グリーン(4)5g
針…ハマナカアミアミ両かぎ針ラクラク8/0号
モチーフの大きさ…12cm角
でき上がりサイズ…24cm角

編み方

糸は指定の配色で編みます。
モチーフは糸端を輪にする方法で作り目をしてブルー、黄色で図のように各2枚ずつ編みます。グリーン2本どりでよこ方向を半目の巻きかがり(p.89参照)でとじ合わせます。たて方向も同様にとじ合わせます。

モチーフの編み方

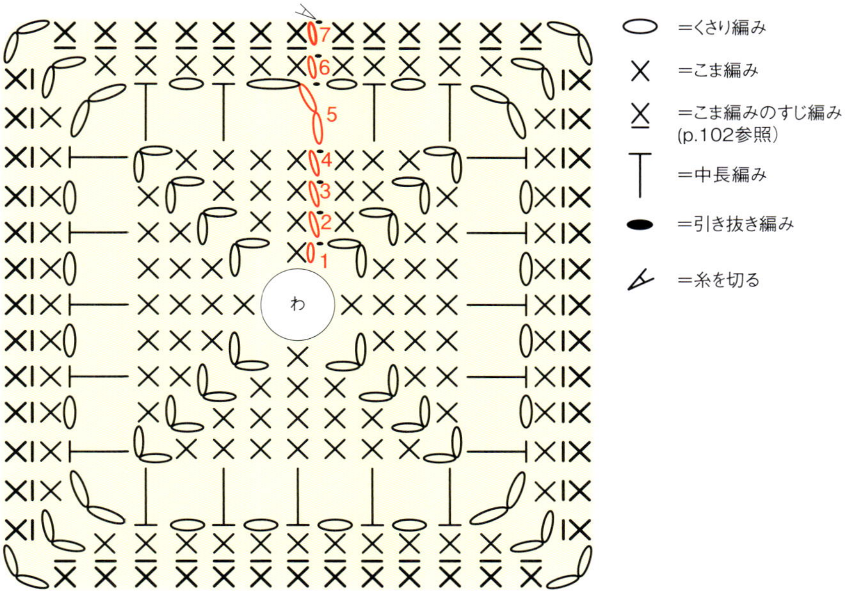

寸法配置図

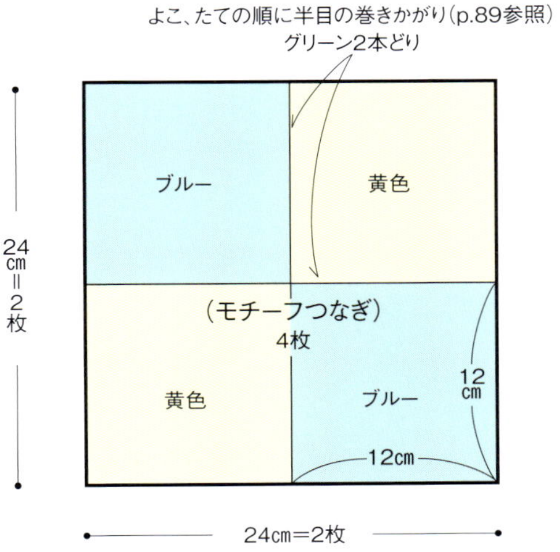

ブルー、黄色　各2枚

モチーフのつなぎ方

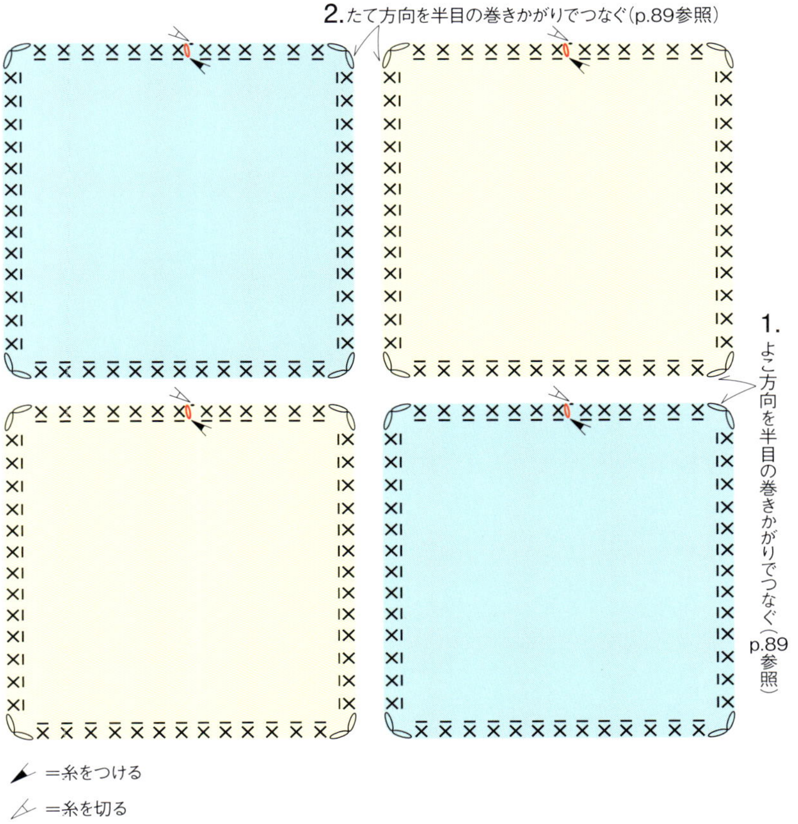

motif-18 ラグマット

p.98のなべ敷きを大きくつなぎ合わせて作ったラグマット。
麻素材のさらっとした感触が気持ちよいマットです。

デザイン…河合真弓　製作…遠藤陽子
＊糸…ハマナカ コマコマ
＊編み方…p.101

写真100ページ

motif-18 ラグマット

材料と用具

糸…ハマナカ コマコマ(40g玉巻)
ベージュ(2)210g　赤(7)78g
針…ハマナカアミアミ両かぎ針ラクラク8/0号
モチーフの大きさ…12cm角
でき上がりサイズ…60cm×36cm

編み方

糸は指定の配色で編みます。
モチーフは糸端を輪にする方法で作り目をして1～6段めはベージュ、7段めは赤で図のように15枚編みます。
モチーフは配置図のように配置し、赤でよこ方向を半目の巻きかがり(p.89参照)でとじ合わせます。たて方向も同様にとじ合わせます。

モチーフの編み方

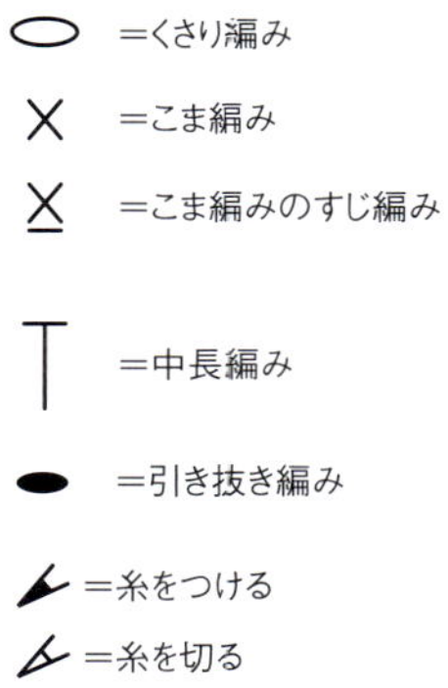

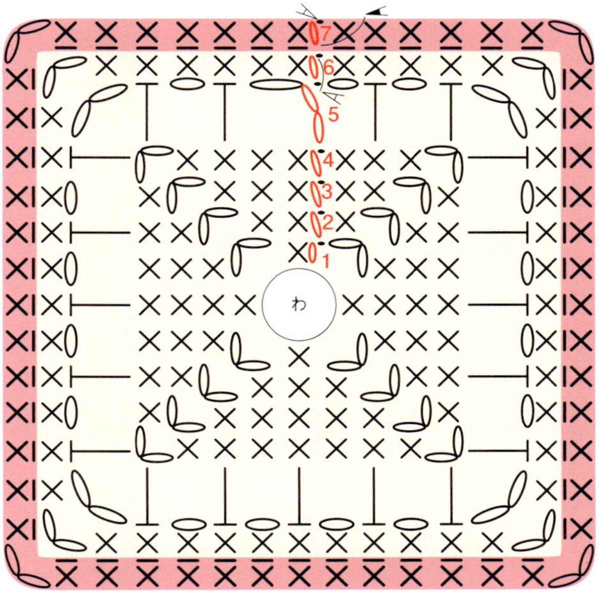

モチーフの配色

7段め	赤
1～6段め	ベージュ

寸法配置図

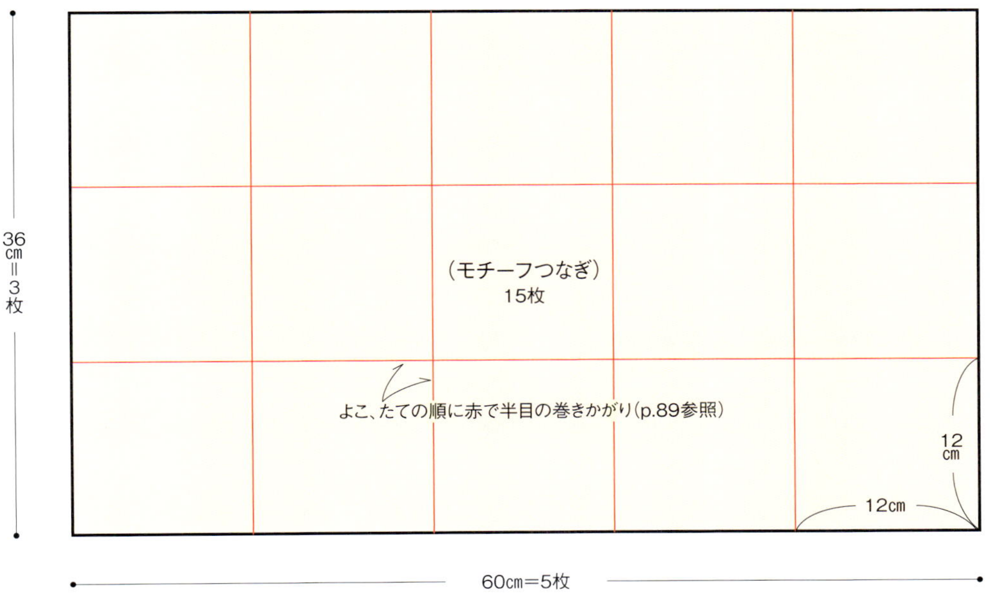

Q&A

こま編みのすじ編みって？　こま編みとどう違うの？

こま編みとすじ編みは編み方は同じですが、目をすくう位置が違います。すじ編みは、こま編みの足元にすじが残るように目をすくって編みます。
すじ編みはこま編みの他に、中長編みのすじ編み、長編みのすじ編みなどあります。編み方は足元にすじが残るように中長編み、長編みを編みます。

【すじ編みの編み方】

❶ 前段のこま編みの頭の向う側の糸をすくい、糸をかけて引き出す。

❷ 糸を引き出したところ。

❸ 糸をかけ、立ち上がりのくさり編みを1目編む。

❹ 立ち上がりのくさり編みが1目編めた。

❺ 同じ目の向う側の糸を1本すくい、糸をかけて引き出す。

❻ 糸をかけ、こま編みを編む。

❼ すじ編みが1目編めた。

❽ 同じ要領で向う側の糸をすくってこま編みを編む。

こま編みのすじ編み／赤い糸で編んだこま編みの足元には、すじができる。
こま編み／ベージュ部分のこま編みの足元には、すじが出ない。

motif-19 がま口

今人気のがま口もモチーフ2枚で作れます。
口金に合わせた自然なラインが可愛らしいデザインです。

デザイン…河合真弓
＊糸…ハマナカ フェアレディー 50
＊編み方…p.104

写真 103 ページ

motif-19 がま口

材料と用具

糸…ハマナカ フェアレディー50(40g玉巻)
A紺(27)7g　水色(80)5g
B赤(21)7g　紺(27)5g
C水色(80)7g　オフホワイト(2)5g
針…ハマナカアミアミ両かぎ針ラクラク4/0号
その他…ハマナカバッグ用口金(H207-005-2)6.5cm×3.5cm　銀各1組
ボタンつけ糸
A／紺　B／赤　C／水色　手ぬい針
モチーフの大きさ…直径8cm
でき上がりサイズ…図参照

編み方

糸は指定の配色で編みます。
モチーフは糸端を輪にする方法で作り目をして図のように2枚編みます。モチーフのあき止りまでを半目の巻きかがり(p.89参照)ではぎ合わせます。
バッグ用口金の内側にモチーフの表側を重ね、ボタンつけ糸で返し縫いをしてつけます。

モチーフの編み方

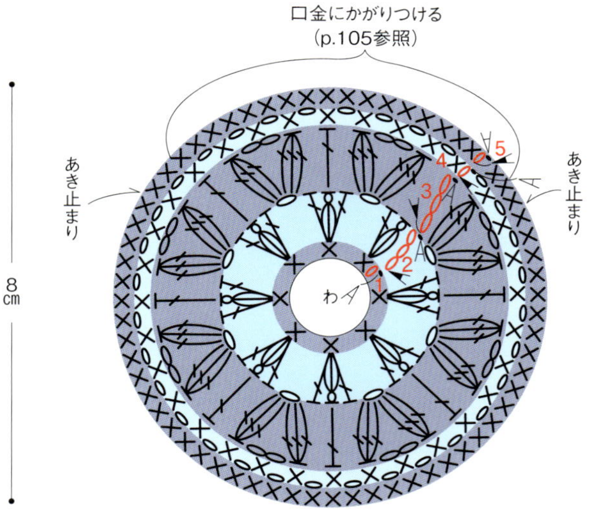

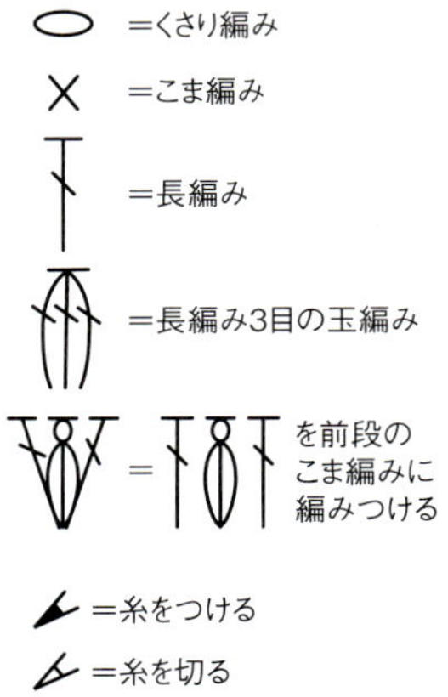

	A 2枚	B 2枚	C 2枚
5段め	紺	赤	水色
4段め	水色	紺	オフホワイト
3段め	紺	赤	水色
2段め	水色	紺	オフホワイト
1段め	紺	赤	水色

仕上げ方

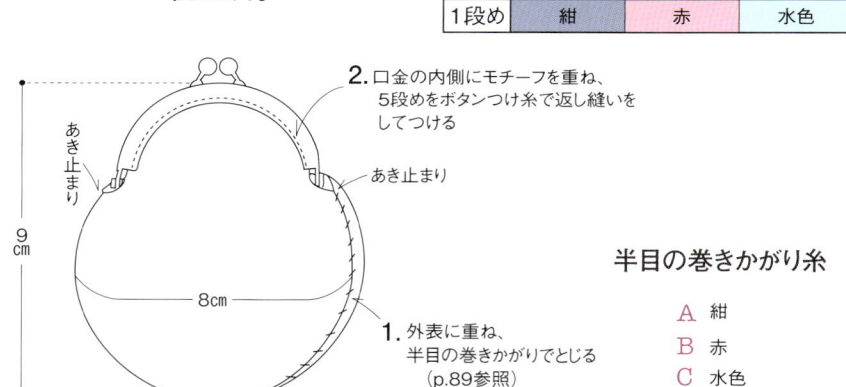

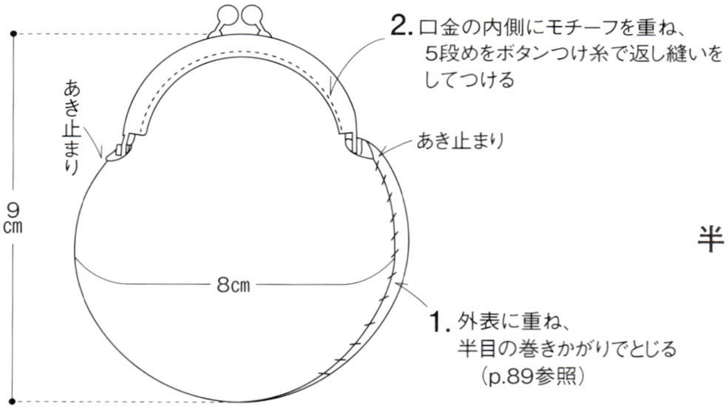

半目の巻きかがり糸

A　紺
B　赤
C　水色

【の編み方】

この記号は長編み2目編み入れると中長編み3目の変形玉編みを組み合せた記号です。
同じこま編みに長編みを1目、中長編み3目の変形玉編みを1目、長編みを1目編みます。

❶ こま編みの頭をすくって長編みを1目編む。

❷ 同じ目に中長編み3目の変形玉編み(p.38参照)を編む。

❸ 同じ目に長編みを1目編む。1模様が編めたところ。

❹ 続けて4模様編めた。変形玉編みの両隣りに長編みが入ることでより凹凸のある模様になる。

【がま口の口金のつけ方】

※ここではわかりやすいように糸を赤に替えて解説します。

point

がま口は、大きさや形がさまざまあり、布用の紙ひもをはさみ込むタイプなど種類も揃っています。モチーフの大きさに口金がつくかどうかサイズを確認して選びましょう。この作品のように円周よりも少し小さめのサイズでも、可愛いフォルムのがま口が作れます。また、ニット用の縫いつける穴のついた口金が便利です。糸はボタンつけ用糸を用意しましょう。

1 モチーフ2枚はあき口を残して半目の巻きかがりでつなぎ合わせる。

2 糸は2本どりにして玉結びをする。モチーフの裏側から針を入れ、口金の穴から表に針を出す。隣りの穴から針を入れる。

3 モチーフの頭をすくうように針を入れ、糸を引く。

4 モチーフの左隣りの頭をすくって隣りの穴から針を出す。

5 返し縫いの要領で1つ手前の穴に戻って針を入れ、モチーフの頭をすくう。

6 続けてかがる。口金の穴の数と、あき口の目の数が違うので、ところどころで目と目の間をすくいながら均等にかがる。

7 裏から針を入れるときは、できるだけ口金の溝にかがった糸が隠れるように糸を引く。

8 穴から針を裏に入れるときは頭と足の間に等間隔に糸が渡るようにかがる。

9 最後は裏側で玉結びをして根元で糸を切る。

10 反対側も同様にかがり、でき上がり。

motif-20・21 ピンクッション

まるでみかんの切り口のような可愛らしいピンクッションです。
裏側は長編みのシンプルなデザインなので、見た目よりもかんたんです。

デザイン…遠藤ひろみ
＊糸…ハマナカ アメリー
＊編み方…p.107

写真 106 ページ

motif-20・21

ピンクッション

材料と用具

糸…ハマナカ アメリー（40g玉巻）
Aグラスグリーン（13）、バタークリーム（2）各3g　オレンジ（4）2g
Bオレンジ（4）4gバタークリーム（2）3g
グラスグリーン（13）1g
針…ハマナカアミアミ両かぎ針ラクラク5/0号
その他…詰め物用毛糸少々
モチーフの大きさ…
Aの表側、裏側各直径8.5cm
Bの表側直径7.5cm　裏側直径6.5cm
でき上がりサイズ…図参照

編み方

糸は指定の配色で編みます。
モチーフは糸端を輪にする方法で作り目をして表側は指定の配色で図のように編みますが、Aは5段め、Bは3段め、4段めの進行方向を変えて裏を見ながら編みます。裏側は1色で図のように編みます。表側、裏側を外表に重ね、毛糸を詰めながら、まわりを半目の巻きかがり（p.89参照）でつなぎます。

モチーフの編み方記号図

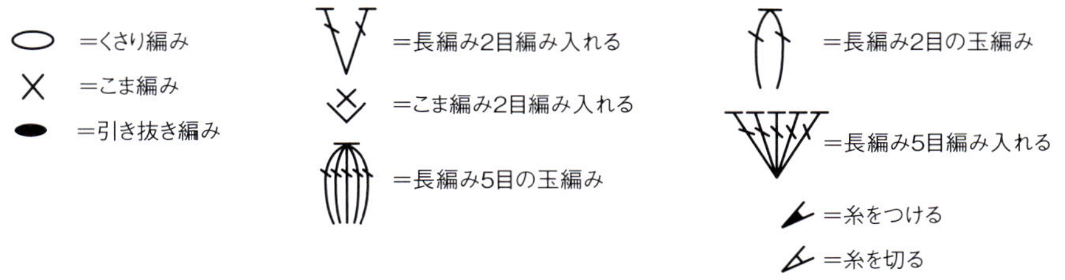

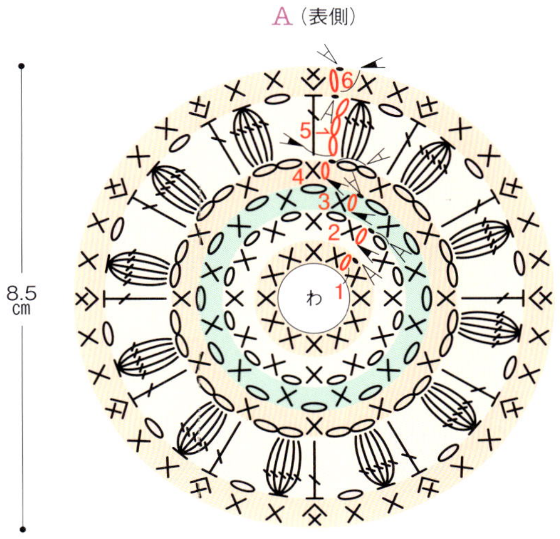

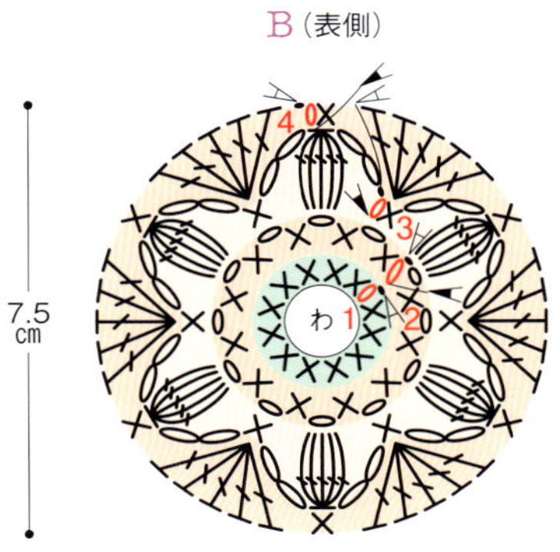

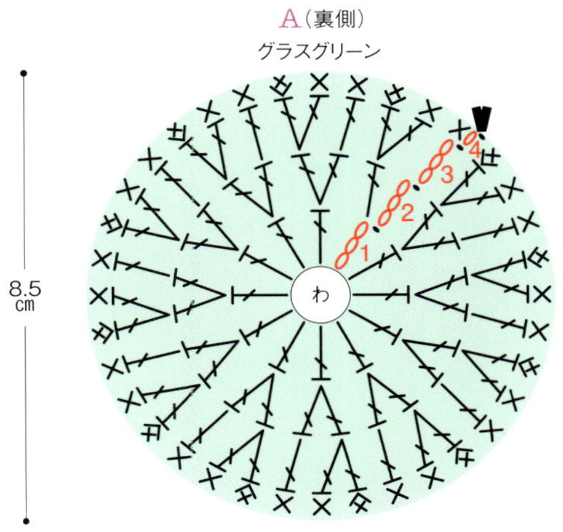

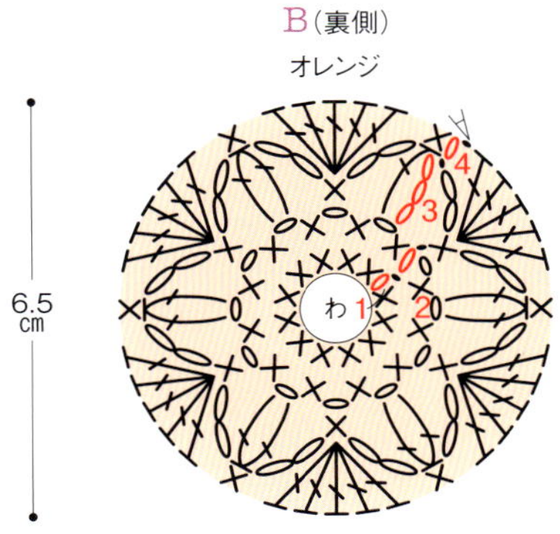

仕上げ方

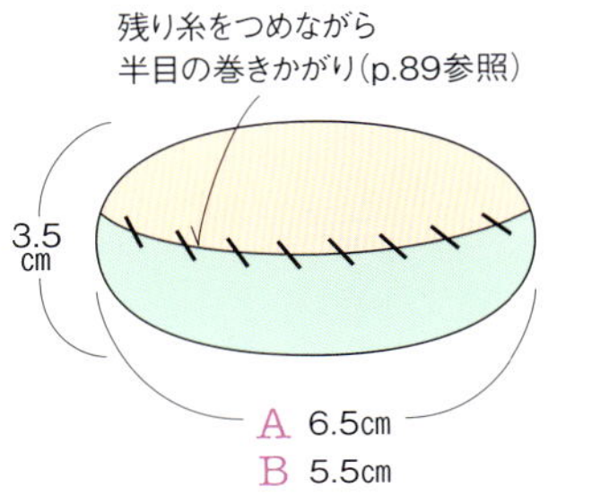

半目の巻きかがり糸　A グラスグリーン
B オレンジ

A（表側）の配色

6段め	オレンジ
5段め	バタークリーム
4段め	オレンジ
3段め	グラスグリーン
2段め	バタークリーム
1段め	オレンジ

B（表側）の配色

4段め	オレンジ
3段め	バタークリーム
2段め	オレンジ
1段め	グラスグリーン

かぎ針編みの基礎知識

編み始め

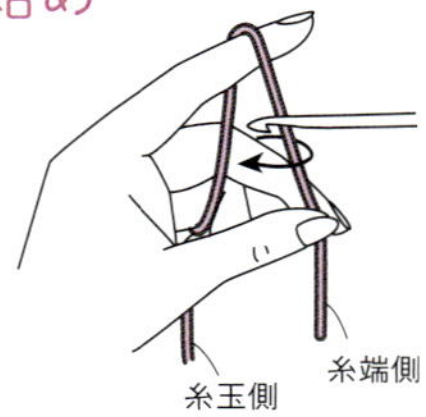

矢印のように針を回し、
針に糸をかける

くさり編み

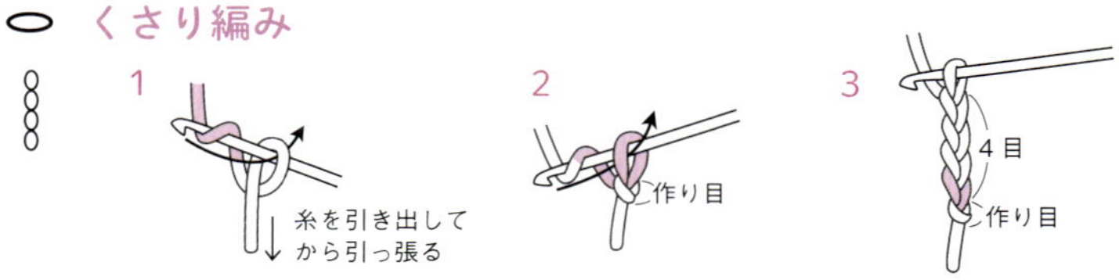

こま編み

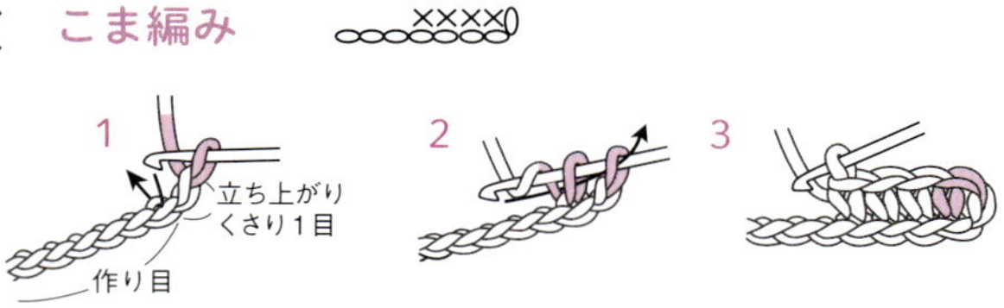

こま編みのすじ編み

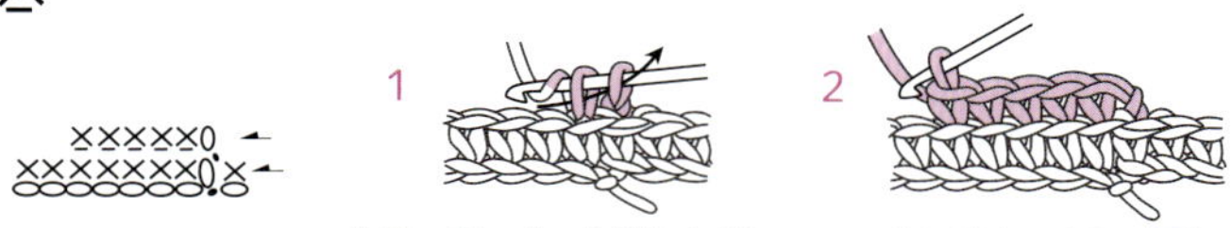

前段の目の向こう側をすくう

すじが立つように編む

中長編み

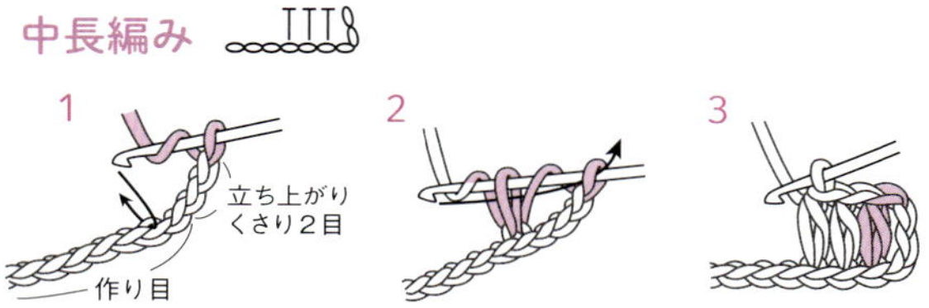

長編み

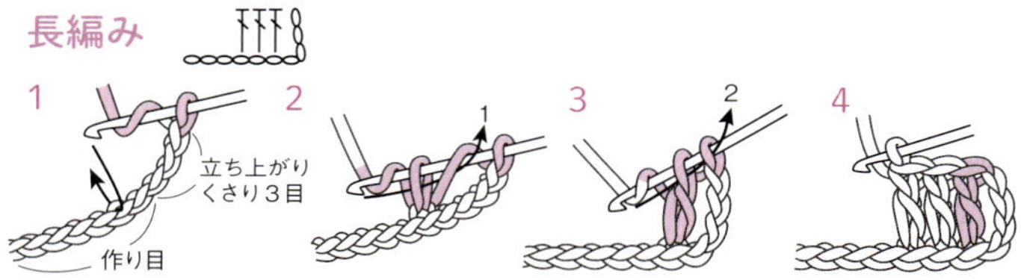

長々編み目

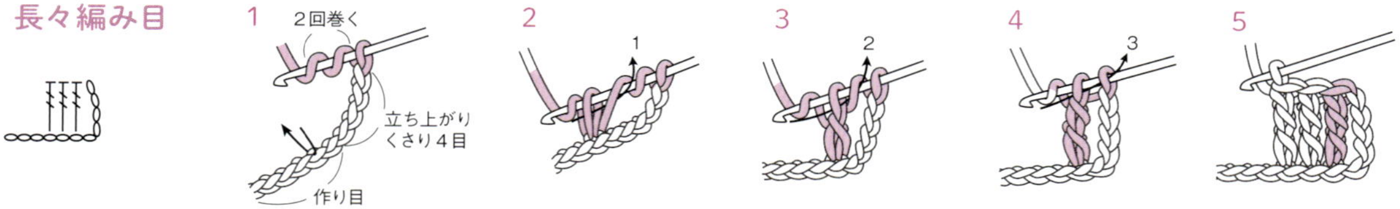

長編み2目編み入れる

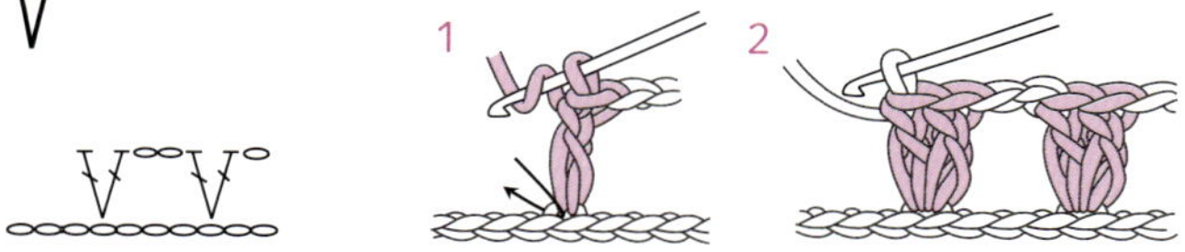

同じ目に長編みを
2目編む

こま編み2目
編み入れる

「長編み2目編み入れる」の
要領で、長編みをこま編みに
変えて編む

長編み3目編み入れる

「長編み2目編み入れる」の要領で
2目を3目に変えて編む。

※編み入れる目数が増えても同じ
要領で編む

長編み２目一度

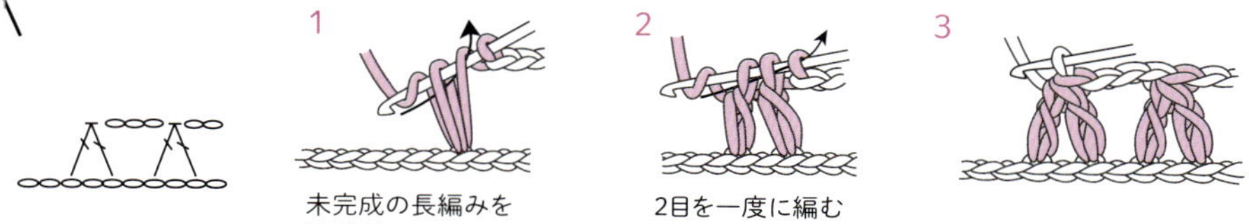

未完成の長編みを
2目編む

2目を一度に編む

長編み3目一度

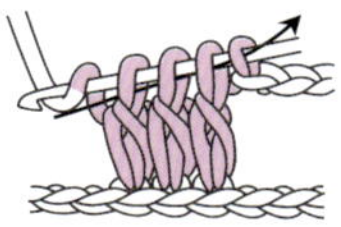

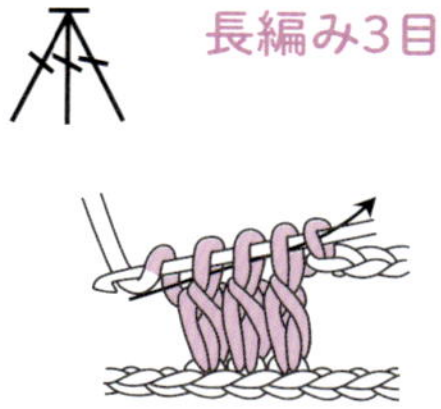

2目一度の要領で
未完成の長編み
3目を一度に編む

中長編み3目の玉編み

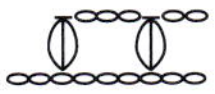

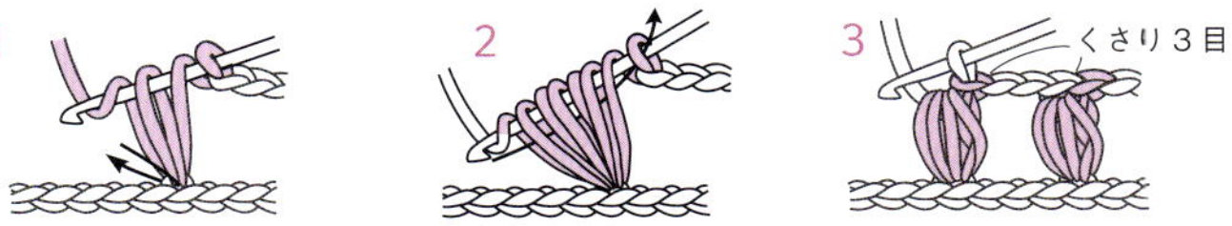

1 針に糸をかけ、同じところに未完成の中長編みを３目編む（図は２目めを編むところ）

2 針に糸をかけ、一度に引き抜く

3

長編み3目の玉編み

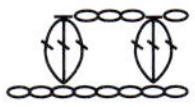

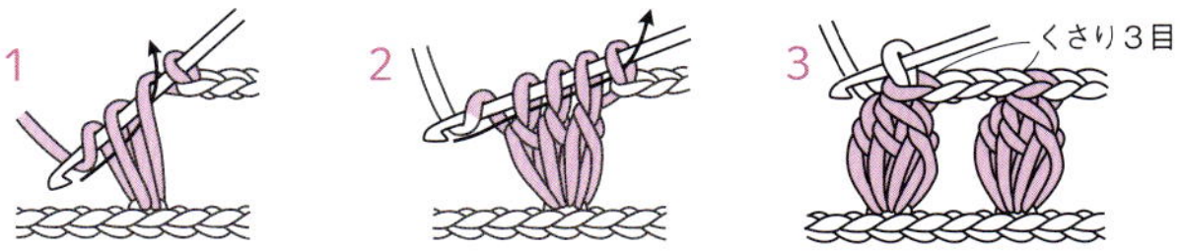

1 未完成の長編みを３目編む（図は１目め）

2 針に糸をかけ、一度に引き抜く

3

中長編み3目の変形玉編み

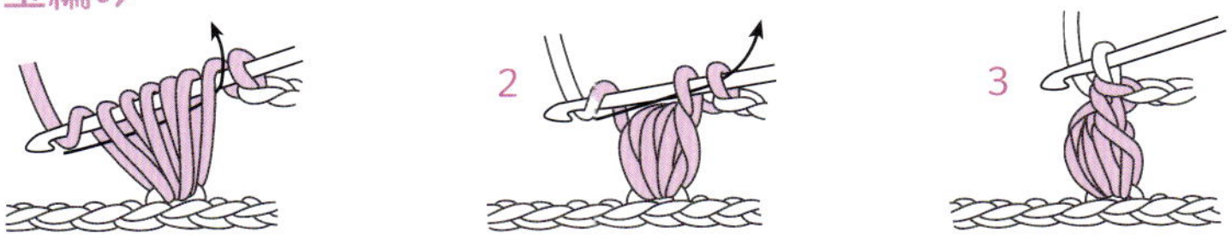

1 中長編み３目の玉編み 1～2 の要領で針に糸をかけ、矢印のように引き抜く

2 針に糸をかけ、２つのループを一度に引き抜く

3

長編み5目のパプコーン編み

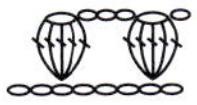

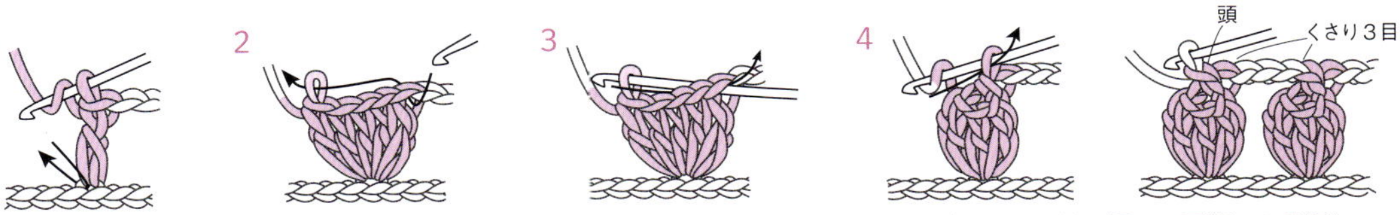

1 同じところに長編みを５目編み入れる

2 針を抜き、矢印のように１目めから入れ直す

3 矢印のように目を引き出す

4 針に糸をかけ、くさり編みの要領で１目編む。この目が頭になる

くさり3目のピコット

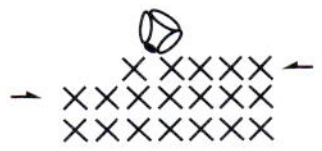

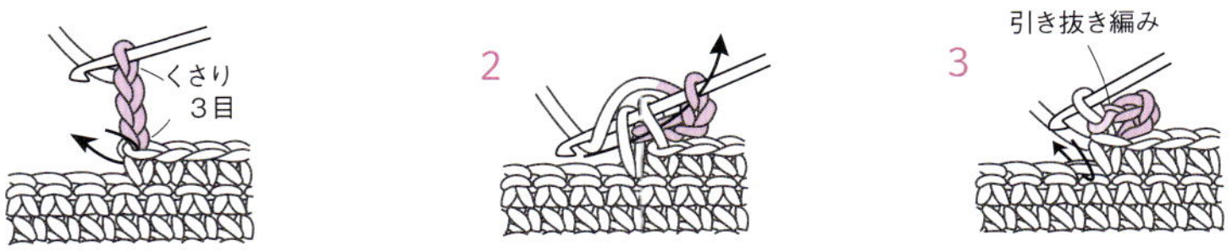

1 くさり編みを３目編む。矢印のようにこま編みの頭半目と柱の糸１本をすくう

2 針に糸をかけ、全部の糸を一度にきつめに引き抜く

3 でき上がり。次の目にこま編みを編む

くさり3目のピコット
（くさり編みに編みつける場合）

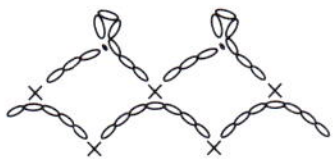

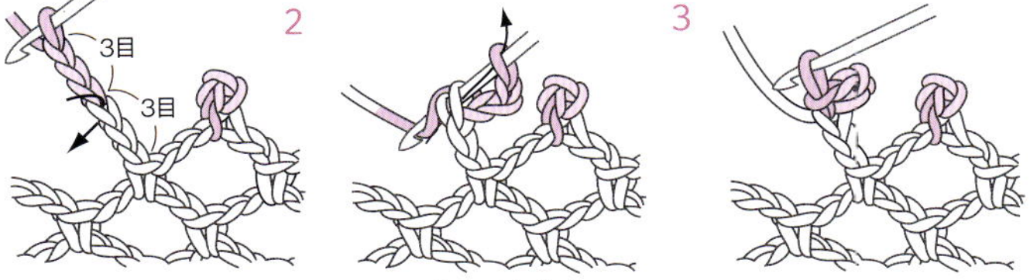

1 ２本の糸をすくう

2 一度に引き抜く

3

引き抜き編み

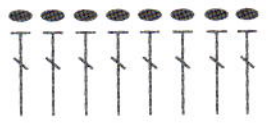

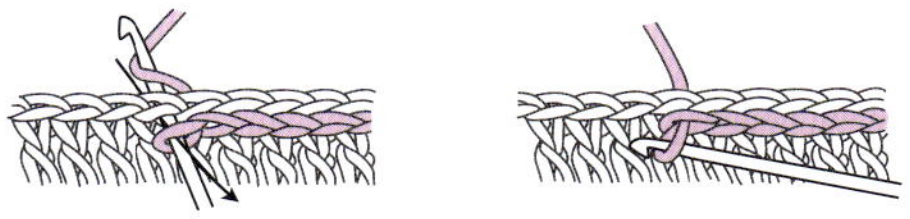

1

2

円形の編み始め

糸端を輪にする方法

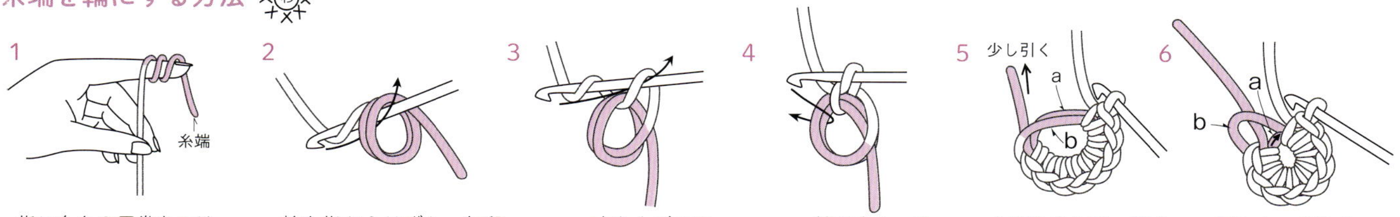

1 指に糸を２回巻きつけ、二重の輪を作る

2 輪を指からはずし、矢印のように糸を引き出す

3 立ち上がりのくさり編みを編む

4 輪をすくって必要目数を編む

5 糸端を少し引っ張り、a、b のどちらの糸が動くか確かめる

6 動いた a の糸を矢印の方向に引く

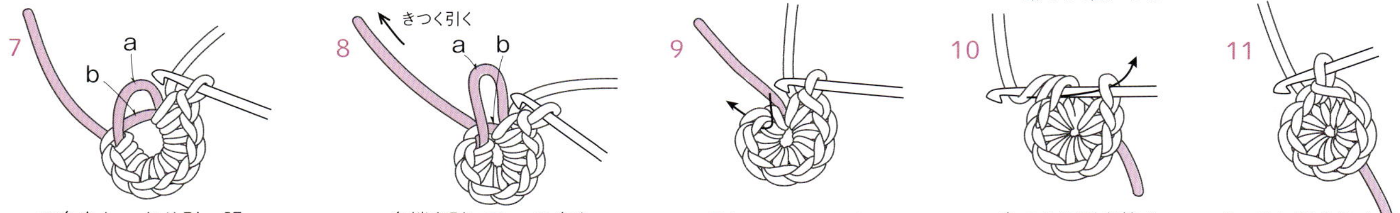

7 a の糸をしっかり引っ張り、b の糸を引きしめる

8 糸端を引いて a の糸を引きしめる

9 最初の目の頭をすくう

10 きつめに引き抜く

11 きつめに引き抜く

くさりを輪にしてこま編みを編みつける方法

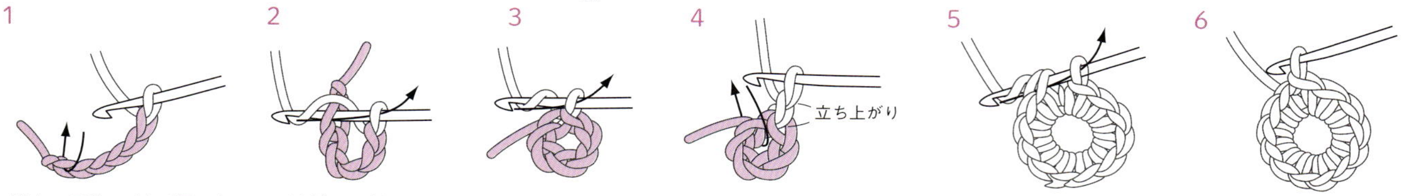

1 指定の目数のくさり編みを編み、矢印に針を入れる

2 引き抜いて輪にする

3 立ち上がりのくさり編みを編む

4 くさり編みと糸端を一緒にすくい、こま編みを必要目数編む

5 1目めに引き抜き、輪にする

6 1段めが編めたところ

モチーフのつなぎ方

引き抜き編みで編みながらつなぐ方法

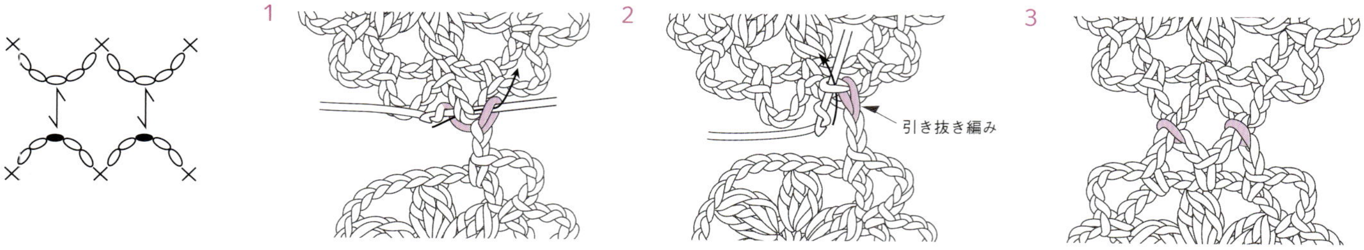

巻きかがりはぎ（半目）

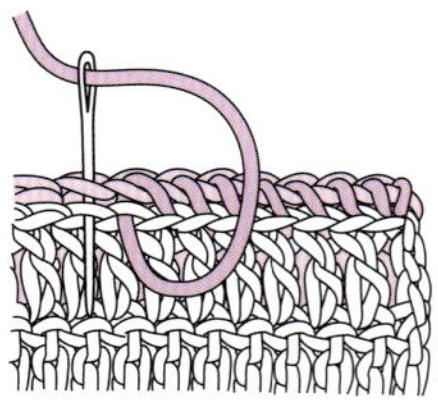

編み地を外表に合わせ、内側の半目ずつをかがる

配色糸のかえ方（輪編みの場合）

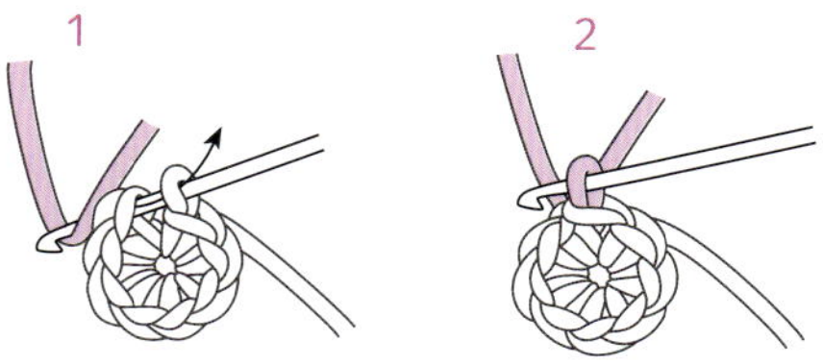

色をかえる手前の目の最後の糸を引き抜くときに、新しい糸に替えて編む

記号の見方

根元がついている場合

前段の目に針を入れて編む

根元が離れている場合

前段のくさり編みのループをすくって編む

【引き抜き編みで複数のモチーフをつなぐ方法】

① 2枚めのモチーフ(オレンジ)は1枚めのモチーフ(白)に矢印のように針を入れて引き抜く。

② 角がつながったところ。続けて編み進む。

③ 1枚めと2枚めのモチーフがつながったところ。

④ 3枚めのモチーフ(紺)は、1枚めと2枚めのモチーフをつないだ引き抜き編みの足2本(オレンジの糸)にかぎ針を入れる。

⑤ 針に糸をかけて引き抜く。

⑥ 3枚めの角がつながったところ。

⑦ 続けて編み進む。

⑧ 4枚めのモチーフ(水色)も④、⑤と同様に2枚めの引き抜き編みの足2本に針を入れて引き抜く。つなぎ目が一カ所に集まって安定している。

Staff

デザイン／遠藤ひろみ　岡本啓子　風工房　河合真弓

プロセス指導／岡本啓子　河合真弓

撮影／渡辺淑克

プロセス撮影／中辻 渉

ブックデザイン／堀江京子（netz）

スタイリング／大原久美子

トレース／ガリオン工芸　白くま工房

編集／佐藤周子（リトルバード）

この本の作品はハマナカ手芸手あみ糸、
ハマナカアミアミ手あみ針を使用しています。
糸、材料についてのお問い合わせは下記へお願いします。

［ハマナカ株式会社］
京都本社
〒616-8585　京都市右京区花園薮ノ下町2番地の3
TEL 075-463-5151（代表）
東京支店
〒103-0007　東京都中央区日本橋浜町1丁目11番10号
TEL 03-3864-5151（代表）
http://www.hamanaka.co.jp
E-mail iweb@hamanaka.co.jp

※本文中の材料の表記は2014年10月現在のものです。
※印刷物のため、作品の色は実物と異なる場合があります。

はじめてでもかんたん！
かぎ針《ばり》編《あ》みのモチーフ＆小物《こもの》

●編　者――――リトルバード
●発行者――――若松 和紀
●発行所――――株式会社西東社《せいとうしゃ》
〒113-0034 東京都文京区湯島2-3-13
電話　03-5800-3120（代）
URL：https://www.seitosha.co.jp/

ISBN978-4-7916-2123-1